"南粤品质工程"理念与实践系列丛书

设计篇

广东省南粤交通投资建设有限公司 ⊙ 主编

人民交通出版社股份有限公司
China Communications Press Co., Ltd.

内 容 提 要

本册为《"南粤品质工程"理念与实践系列丛书》的设计篇,主要以"品质工程"评价标准为基础,结合广东省南粤交通投资建设有限公司的工程实践经验,总结了在设计理念和设计管理方法方面的探索,以及系统设计、安全设计、生态环保设计、景观提升设计、人性化设计等方面取得的一些成果。

本书可供工程技术人员和管理人员参考。

图书在版编目(CIP)数据

"南粤品质工程"理念与实践系列丛书. 设计篇/广东省南粤交通投资建设有限公司主编. — 北京:人民交通出版社股份有限公司,2019.11
 ISBN 978-7-114-16044-8

Ⅰ.①南… Ⅱ.①广… Ⅲ.①交通工程—工程设计—广东 Ⅳ.①U41②U491

中国版本图书馆 CIP 数据核字(2019)第 263295 号

Nanyue Pinzhi Gongcheng Linian yu Shijian Xilie Congshu　Sheji Pian

书　　名:	"南粤品质工程"理念与实践系列丛书　设计篇
著 作 者:	广东省南粤交通投资建设有限公司
责任编辑:	韩亚楠　郭红蕊
责任校对:	张　贺　龙　雪
责任印制:	张　凯
出版发行:	人民交通出版社股份有限公司
地　　址:	(100011)北京市朝阳区安定门外外馆斜街 3 号
网　　址:	http://www.ccpress.com.cn
销售电话:	(010)59757973
总 经 销:	人民交通出版社股份有限公司发行部
经　　销:	各地新华书店
印　　刷:	北京市宇星舟科技印刷有限责任公司
开　　本:	787×1092　1/16
印　　张:	8.75
字　　数:	155 千
版　　次:	2019 年 11 月　第 1 版
印　　次:	2020 年 4 月　第 3 次印刷
书　　号:	ISBN 978-7-114-16044-8
定　　价:	80.00 元

(有印刷、装订质量问题的图书由本公司负责调换)

丛书顾问委员会

主 任 委 员：周　伟

副主任委员：翁优灵　贾绍明　黄成造　刘晓华　曹晓峰　童德功
　　　　　　张劲泉　李爱民　王红伟

委　　　员：陈明星　刘永忠　兰恒水　李卫民　鲁昌河　张家慧

丛书编审委员会

主 任 委 员：刘晓华

副主任委员：曹晓峰　童德功　兰恒水　李卫民　鲁昌河　张家慧
　　　　　　职雨风　尹良龙　夏振军　张　栋　邱　钰　朱　方
　　　　　　潘奇志　陈子建　乔　翔　姚喜明　程寿山

委　　　员：陈　红　陈　记　孙家伟　余长春　王文州　刘世宁
　　　　　　胡　健　黄锡辉　何际辉　刘　烜　李史华　杨少明
　　　　　　林　楠　何晓圆　王啟铜　邱新林　叶　勇　张国炳
　　　　　　黄少雄　苏堪祥　张　利　李　斌　肖　鹰　张连成
　　　　　　唐汉坤　薛长武　章恒江　彭学军　李　凯　吴育谦
　　　　　　吴俊强　甄东晓　金明宽　曹春祥　和海芳

本册编委会

主　　编：乔　翔
副 主 编：陈　红　陈　记　余长春　刘小飞　和海芳
编写人员：贺　虹　李　茜　肖富昌　甄东晓　傅光奇　陈清松
　　　　　　栗学铭　胡正涛　李根存　罗林阁　李　伟　罗新才
　　　　　　南　电　周振宇　王　波　陈明晓　牛敏强　黎景光

序一

PREFACE

交通是兴国之要、强国之基。党的十九大明确指出，建设质量强国、交通强国，把提高供给体系质量作为主攻方向。2019年9月，中央正式发布的《交通强国建设纲要》，明确提出了推动交通发展由追求速度规模向更加注重质量效益转变，由各种交通方式相对独立发展向更加注重一体化融合发展转变，由依靠传统要素驱动向更加注重创新驱动转变，打造一流设施、一流技术、一流管理、一流服务的要求，为我国未来三十年交通发展擘画了宏伟蓝图和指明了奋斗方向。

推进交通运输"品质工程"建设，就是顺应新时代、新任务、新要求的现实之举，是在工程建设领域贯彻落实《交通强国建设纲要》的必然要求。它的核心要义是将交通基础设施建设的提质增效和转型升级作为主攻方向和动力源泉，以质量变革为主体、效率变革为主线、动力变革为基础，在建设理念、管理举措、技术进步方面有新作为，在工程质量、安全、可持续发展方面取得新成效，全面实现交通运输基础设施建设的转型升级和高质量发展，进而实现由交通大国向交通强国的转变，加快建成人民满意、保障有力、世界前列的交通强国，为全面建成社会主义现代化强国、实现中华民族伟大复兴中国梦当好先行。

交通运输的高质量发展，首先是基础设施工程项目的高质量建设。改革开放以来，我国交通基础设施建设经历了40多年的发展，建成了一批在世界范围内具有影响力的跨海（江）桥梁、长大隧道、大型沿海港口工程，也积累了大量工程建设和管理经验，在工程建设方面已具备了再上新台阶的基础条件。"品质工程"继承和丰富了现代工程管理的理念和内涵，追求工程内在质量和外在品质的有机统一，是一个站在新的历史起点上推进交通建设工程质量转型发展的有力举措，是公路水运建设工程转入高质量发展的序曲和基础支撑。

广东省南粤交通投资建设有限公司主动把握工程建设发展的新趋势，率先开展了"南粤品质工程"创建活动。经过3年多的实践探索，形成了"高质量理念、高质量管理、高质量产品、高质量服务"的南粤品质特色。在实践过程中，桩基标准化、路基标准化、房建标准化作为标准化设计的重要组成部分，丰富和完善了广东省标准化设计体系，促进了工程建设标准化工作的发展。优质优价、优监优酬、双标管理、首件工程制、五赛五比等举措逐一落实，提高了项目建设管理水平。植被修复、废渣利用、"永临结合"等节能减排、生态环保技术的应用，革新了建设理念，推动了绿色发展。数百项微创新成果改进了现有工艺、设备，汇聚了集体智慧，弘扬了工匠精神，提高了生产效率，提升了工程质量。服务设施的人性化、路政管理的标准化、运维养护的数字化，全面提升了营运服务水平。总的来说，广东省南粤交通投资建设有限公司在"品质工程"创建过程中积极探索、勇于创新，付出了艰辛努力，取得了显著成效，展现了良好风采。

《"南粤品质工程"理念与实践系列丛书》就是"南粤品质工程"创新成果的系统总结，从建设理念、设计、管理、质量、创新、绿色、安全、服务、展示等九个方面，全面反映了"南粤品质工程"的创建过程和经验体会，内容丰富、形式新颖、针对性强、推广价值高，可为建设"平安百年品质工程"提供重要的参考与借鉴。开卷有益，我们期待着广大交通工程建设的从业者都能积极地行动起来，主动作为、积极探索、广泛交流、共同努力，不断提升技术、管理和服务，推动交通基础设施高质量发展，促进交通工程项目品质工程建设再上新的台阶。

交通运输部总工程师 周伟

2019年10月

跨过山海江河，只为"品质工程"
—— 记《"南粤品质工程"理念与实践系列丛书》

《"南粤品质工程"理念与实践系列丛书》（以下简称《丛书》）记载了南粤交通人在"品质工程"道路上的汗水和艰辛，见证了南粤交通人在推进高速公路高质量发展道路上的不断提升和超越！

广东省南粤交通投资建设有限公司（以下简称"省南粤交通公司"）于党的十八大之后成立。在那段时期，党和国家的各项事业取得了重大成就，社会面貌发生了深刻变革；彼时的广东，正紧紧围绕习近平总书记在广东考察工作时提出的"三个定位、两个率先"的总目标，不断优化区域协调发展空间布局，举全省之力推进粤东西北地区振兴发展；彼时的南粤交通人，毅然决然地在广东省交通基础设施建设道路上，在"加快高速公路建设，助力粤东西北发展"的高速公路建设大会战战场上，扛起了广东省政府还贷高速公路建设发展的大旗，不断前行。2017年10月，在党的十九大召开前夕，省南粤交通公司站在新时代的门槛上，再一次迎来历史性的发展跨越——经过与广东省交通集团有限公司完成重组改革，在企业发展之路上实现了华丽蝶变。在以"高质量发展"为主旋律的新时代公路建设发展浪潮中，该公司于2017年、2018年分别实现了高速公路高质量通车的企业管理目标，连续2年的通车总里程占全省2年通车总里程的82%；为广东省构建区域平衡、协调发展新格局，助力脱贫攻坚，做出了行业贡献；为广东省高速公路总里程突破9000km、连续5年居全国第一，贡献了"南粤力量"。

省南粤交通公司肩负着约2000km政府还贷高速公路建设营运管理的重任，项目建设总投资额约为2400亿元，新开工高速公路约1618km，占广东省同期新开工高速公路总里程的37%，项目覆盖广东省19个地级市。新开工建设的项目中，有广东省高速公路建设史上单独立项线路里程最长的项目——汕昆高速龙川至怀集段（全长366km），有粤港澳大湾区的重大工程项目——港珠澳大桥珠海连接线，有全省最长的高速公路隧道——金门隧道，还有拱北隧道、通明海特大桥等一大批跨海、跨江、跨河、跨山通道……项目规模庞大，工程技术复杂，施工难度高。

依托上述体量庞大的建设项目集群，省南粤交通公司在积极探索高速公路建设管理现代化管理体系的道路上，以广东省先行先试，以"弘扬现代工匠精神，打造南粤品质工程"为主题，开启了"南粤品质工程"创建活动的新征程。《丛书》全面介绍了"南粤品质工程"的发展脉络，凝聚了南粤交通人在谋求高品质发展道路上的集体思考；体现了"南粤品质工程"以技术为引领，以人为本，以自然为载体，以长寿命安全为目的的高品质高速公路建设体系；有理念与管理，有质量与安全，有设计与创新，有绿色与服务，有全方位、多维度的成果展示，还有南粤交通人对当前公路建设发展的审视和对未来的展望，彰显了省南粤交通公司"大道为公"的内涵。

这套《丛书》既是省南粤交通公司建设工作的总结，也是和国内外同行交流沟通的平台，既可为同类项目建设提供参考，也可为下阶段行业开展"平安百年品质工程"提供借鉴。希望广大公路建设者充分交流、不断总结实践经验，努力推进高速公路建设发展再上新台阶！

广东省交通集团有限公司总经理
2019年9月

前言

FOREWORD

  高速公路建设是支撑区域经济协调发展、促进生产力合理布局、沟通城乡、保障国家安全和社会稳定的基础性、先导性产业之一。勘测设计是高速公路工程建设的龙头，广东省南粤交通公司依托广东省大规模公路基础设施建设的良好背景，通过研究、探索和实践，突破了诸多技术瓶颈。期间，设计理念及方法不断推陈出新，全寿命周期设计、建管养一体化设计、耐久性设计、精细化设计以及标准化设计不断付诸实践，实现了省南粤交通公司所属高速公路设计管理水平和自主创新能力的新跨越。

  省南粤交通公司按照安全、经济、环保、可持续发展的理念，初步设计阶段重点从地形地质条件、技术指标、生态环保、土地节约、施工安全便捷、营运成本、社会节能、经济指标等方面对相关方案进行全寿命经济成本比选分析；施工图阶段从各专业的细部设计处理着手，注重环境保护、生态平衡、景观美化、路容和谐，树立创作设计的理念，加强总体设计，按照"结构安全、造价合理、生态良好、环境和谐"的理念进行创作性设计，注重公路建设与沿线自然环境、生态环境、人文环境的整体协调性，加强沿线人文题材的挖掘和利用。

  面对地质条件复杂、时间紧、任务重等诸多挑战，在安全、经济、美观、耐久等新要求下，省南粤交通公司通过综合集成、优化提升、创新发展，攻克了多项设计难题，积累了丰富的经验和宝贵的设计资料，取得了丰硕的创新成果，支撑了省南粤交通公司所属的一批规模宏大、建设标准高、技术复杂、科技含量高的品质工程。

作　者

2019年8月

目录
CONTENTS

第一章　绪论　001

第二章　设计管理　005
　　第一节　设计理念……………………………………………………006
　　第二节　设计管理方法………………………………………………015

第三章　系统设计　019
　　第一节　全寿命周期设计……………………………………………020
　　第二节　建管养一体化设计…………………………………………022
　　第三节　耐久性设计…………………………………………………026
　　第四节　精细化设计…………………………………………………034
　　第五节　标准化设计…………………………………………………048
　　第六节　创新设计……………………………………………………056

第四章　安全设计　063

第一节　总体安全设计…………………………………064
第二节　安全设计内容……………………………………069

第五章　生态环保设计　073

第一节　生态保护…………………………………………074
第二节　资源节约…………………………………………079
第三节　节能减排…………………………………………082

第六章　景观提升设计　085

第一节　景观设计理念及方法……………………………086
第二节　微地形打造………………………………………088
第三节　道路景观提升……………………………………099
第四节　桥梁隧道景观提升………………………………100
第五节　建筑工程景观提升………………………………106

第七章　人性化设计　111

第一节　服务区人性化设计……………………………………112
第二节　交通设施人性化设计…………………………………119

第八章　结语　123

第一章

绪论

省南粤交通公司自2013年1月挂牌成立起,在广东省委、广东省政府、广东省交通运输厅的关心和支持下,短短几年时间,实现了跨越式发展。截至2017年底,省南粤交通公司在短时间内新承担了近1600km高速公路建设任务,成为广东省最大的高速公路投资建设主体,且项目多处地质条件复杂、建设条件艰苦的粤东西北山区,对项目建设者来说是一巨大考验。

一、设计周期紧

合理的设计周期是保证设计质量的重要因素,但摆在省南粤交通公司面前的是人民群众对交通最快速建成的迫切需求。在广东省高速公路建设大会战的背景下,省南粤交通公司各建设项目前期工作一般在1年半左右,涵盖工可修编、初测、初步设计、定测、施工图设计等阶段,设计单位如何按期完成设计工作,提交一份满意的勘察设计成果,是勘察设计管理面临的巨大考验。

为此,省南粤交通公司提出由公司牵头负责设计审查把关,项目业主负责过程管理的模式。同时对勘察设计的过程管理提出要求,包括严把设计过程节点管理、过程审查和咨询,以提高每次设计产品质量,减少设计的反复和变更;同时加大地质勘察工作的投入,加快工作场地协调力度,确保各阶段勘察工作到位。

二、项目规模大,建设难度高

2014—2016年,省南粤交通公司设计工作平行推进的项目有揭惠、宁莞、武深(275km)、龙怀(360km)、清云(157km)、云湛(320km)、河惠莞(152km)、东雷、怀阳、大丰华等高速公路,合计里程约1600km,其中5个项目建设里程超过150km。同时大部分项目位于山岭重丘区,地质条件和建设条件复杂多变,因地制宜、合理确定设计方案是勘察设计的一大挑战。

三、设计单位多,设计理念不统一

作为改革开放的排头兵,广东省一直以开放、包容的理念欢迎全国各地有技术实力的勘察设计单位参与广东省高速公路建设。开放、公开、公平、公正、透明的建设市场引来了全国各路精英。参加省南粤交通公司项目的设计单位也百花齐放,同步筹建项目共计有土建设计标段35个,分别由13家设计单位承担完成。设计单位来自全国各地,部分单位第一次进入广东市场,对广东省的地形地质条件、社会经济发展、人文风俗、设计标准化、省南粤交通公司勘察设计管理工作要求等,均不甚熟悉,设计之初反映出来的设计理念也是千差万别。因此,如何把握每一条路的设计理念,并将理念贯彻下去也是勘察设计管理的难点。

四、工程前期技术管理人员不足

由于省南粤交通公司是2013年才成立的高速公路建设主体,短时间内建设任务重,建设时序快,多数项目在前期存在技术管理人员不足的问题。如何有效快速地培养技术人员,开展务实高效的建设管理工作,是项目建设首先需要解决的问题。

五、技术风格的统一

公司成立之初,技术人员来自不同单位和不同建设领域,虽然多样的技术风格丰富和开拓了公司的管理理念和思路,但同时也带来了诸多的问题。例如,在项目设计管理过程中,对方案把控的尺度不一,对广东成熟可靠的技术经验理解不足,对地方特有的民风民俗不甚了解。因此,急需在广东既有项目建设管理经验的基础上,总结提升出符合建设实际,同时具有自身特色的技术风格,形成省南粤交通公司特有的建设管理理念,贯彻在项目建设管理中,主要考虑以下几方面。

(1)如何把控桥隧规模及土石指标,路线比选中如何对路基、桥梁、隧道进行取舍。

(2)路基防护排水工程是以预制结构或是以现浇结构为主,生态防护与生态排水理念如何体现。

(3)桥梁下部结构形式如何合理归并,方柱、圆柱、薄壁墩的应用如何界定,桩柱的合理配筋率如何选择。

(4)隧道路面形式如何选择,洞口景观如何提升。

(5)房建设计是推行标准化或是因地制宜,外供电是否考虑"永临结合",机电及后续联合设计质量如何把控。

(6)针对品质工程、绿色公路,如何做到设计先行,如何避免景观设计被简化为绿化设计,如何在实体结构上体现硬质景观。

勘察设计是公路建设的龙头,是工程质量的基础,是"品质工程"的源头和基础保障,可以说设计质量、水平直接影响到公路建设的各个环节,更直接影响到后期的运营管理以及其经济社会效益的发挥。当前,"创新、协调、绿色、开放、共享"的发展新理念已深入人心,将"坚持以人民为中心、坚持新发展理念、坚持人与自然和谐共生"融入于交通基础设施建设,是省南粤交通公司践行的基本理念。2016年省南粤交通公司率先开展了"南粤品质工程"创建活动,以品质工程、绿色公路为引领,不断创新理念、方法和手段,全面贯彻公路工程全寿命周期成本理念,在考虑公路建设、养护、运营、管理等成本效益的同时,更加注重安全、绿色、服务等社会效益,更加注重公路的功能性和出行者需求,推动公路建管养协调发展。

为此,省南粤交通公司在"南粤品质工程"活动中不断总结、提炼,在面临时间紧、任务重、技术难度大等突出问题时,真抓实干,率先厘清公司技术管理思路,定位品质工程目标,通过管理创新、理念创新、举措创新,狠抓勘察设计龙头,开创性地建立了一系列具有南粤特色的管理制度和方法,提出了一系列卓有成效的管理措施,纲举目张,为保障高速公路建设"南粤品质工程"奠定了坚实基础。

本册结合省南粤交通公司的工程实践经验,系统总结了省南粤交通公司在工程设计管理、系统设计、安全设计、生态环保设计、景观提升设计和人性化设计等方面的经验和方法,为公路工程建设从业者提供参考。

第二章

设计管理

第一节 设 计 理 念

一、公路设计理念的发展

公路设计理念是设计者在公路设计中通过长期的工程实践、思维活动、经验交流形成的设计思想、观念、观点。我国公路设计理念的发展主要经历了5个阶段：

（一）20世纪50年代至70年代的长期滞后阶段

这个时期，建设投资是制约公路设计方案的首要因素，主要倡导"设计的公路该是经济的"设计理念。如何最大限度地降低工程造价成为建设方案中主要考虑的问题，以高填深挖等土方工程代替桥涵、隧道等人工构筑物成为当时设计的主要手段，同时人工为主的修筑方式基本满足了这一时期公路建设的要求，但从人与自然环境的角度考虑得很少。故该阶段我国公路设计基本以节约造价为主，难以体现以人为本、以环境为本的理念。

（二）改革开放至20世纪90年代中期的严重制约阶段

这个时期，公路建设主要由以前的"以通为主"向"提高公路的快速性"转变，高速公路开始建设。该阶段公路设计的理念是"快速、安全、经济、舒适"，设计则主要聚焦在强调线形的舒展平顺，平纵组合协调合理，同时达到行车舒适、视觉良好的效果。公路建设主要强调公路使用者的利益，设计人员仍然关注公路建设的经济性问题，而较少考虑公路建设对自然环境的影响，继而对生态、环境带来了不利影响。

（三）20世纪90年代中期至21世纪初的明显缓解阶段

这个时期，高速公路建设成为公路建设的主旋律，技术标准与工程造价之间的矛盾已基本消除，大力提倡"不破坏就是最大的保护"，加强生态保护已成为建设的主题之一，并逐步成为设计的主导思想，此阶段的公路设计理念强调"安全、快速、环保、美观"。

（四）2004年的公路勘察设计新理念提出阶段

为贯彻以人为本，全面、协调、可持续的科学发展观，公路勘察设计理念不断更新。2004年9月提出了"坚持以人为本，树立安全至上的理念；坚持人与自然相和谐，树立尊重自然、保护环境的理念；坚持可持续发展，树立节约资源的理念；坚持质量第一，树立让公众满意的理念；坚持合理选用技术指标，树立设计创作的理念；坚持系统的思想，树立全寿命周期成本的理念""六个坚持,六个树立"的公路勘察设计新理念。

(五)新时代设计新发展理念

高速公路建设已由"高速度增长"转向"高质量发展"的新时期,积极推进社会主义生态文明建设,发展绿色交通,建设品质公路,筑建"畅、安、舒、美"的大美交通梦。

二、南粤设计理念

准确科学的公路建设理念是设计管理的前提,是形成科学合理设计理念的必要条件,而设计理念不只是写在文件上,更应贯穿设计工作始终。因此,省南粤交通公司在设计之初就明确每条公路的建设理念,并在此基础上形成各项目设计理念,于初设大纲、施工图设计细则中加以细化和完善。在整个设计过程中,始终坚持系统设计(全寿命周期设计、建管养一体化设计、耐久性设计、精细化设计、标准化设计、创新设计)、安全设计、生态环保设计、景观设计以及人性化设计理念。

(一)南粤标准化设计理念

为缩短设计周期,减少设计错误,减少变更,降低由于设计"百花齐放""参差不齐"所带来的施工难度,提高设计和工程质量,广东省在全国率先启动标准化设计并全面应用。省南粤交通公司作为广东省在建项目的最大承建主体,在全面推行广东省设计标准化基础上,对标准化设计进行优化和组合。

1. 设计标准化中的统一化

统一化是传统的设计标准化形式,它是指把同类事物(如标准、规程、指标等)两种或两种以上的表现形式归并为一种或限定在一个范围的设计标准化形式,统一化是高速公路设计标准化"五化"思想的重中之重。目前广东省高速公路设计标准化中的统一化主要聚焦在设计思路的统一和构件形式的统一。

(1)设计思路的统一

针对桥梁、隧道等构造物,省南粤交通公司进行了小箱梁设计、梁板防跌落设计、隧道统一化设计等设计思路的统一。

①小箱梁设计

腹板斜率的改变直接影响到预制箱梁模板的通用性,为达到标准化施工的目的,有必要统一腹板斜率的设计思路。

②梁板防跌落设计

梁板端部建筑废料跌落的现象在全国范围内广泛存在,给桥梁的安全性和耐久性造成很大危害,同时对交通安全形成较大威胁,有必要统一梁板防跌落设计。

③隧道统一化设计

隧道地质条件千变万化,受各种限制条件的影响,因此在隧道设计过程中需结合具体条件分析后确定,因地制宜,不能死搬硬套,而要结合各自特点进行深化、调整,确保支护结构与地质、环境条件相适。

(2)构件形式统一

高速公路标准化设计中的统一化,主要指构件形式的统一。广东省主要对装配式箱梁耐久性设计、装配式空心板设计、桥梁下部结构耐久性设计、隧道内轮廓断面设计等涉及的构件形式进行了统一,具体见表2-1。

高速公路设计标准化中构件形式的统一　　　表2-1

编号	统一化项目	统一化内容
1	装配式箱梁耐久性设计	装配式预应力混凝土箱梁钢筋分布与混凝土保护层厚度
2	装配式箱梁断面布置形式	不同宽度下整体式路基和分离式路基的梁片数、预制梁尺寸、湿接缝宽度、腹板斜率等
3	T梁预应力度	采用安全、经济的部分预应力A类构件的预应力度标准
4	预制T梁截面尺寸	统一分离式与整体式路基桥梁宽度和不同路基宽度的预制梁截面尺寸
5	预制T梁马蹄尺寸/T梁齿板布置形式	不同的桥梁跨径,预制梁均采用统一的马蹄尺寸,斜交预制T梁的负弯矩钢束锚固齿板与正交T梁的齿板布置均采用整体式,腹板两侧齿板横向对齐贯通
6	装配式空心板设计	不同跨径的空心板板高、板宽、顶底板厚度、腹板厚度及钢筋布置方式
7	现浇箱梁设计	现浇箱梁外观尺寸,结构安全度和材料用量指标包括主要计算参数和主梁设计要点的计算原则,钢束、钢筋布置原则
8	桥梁下部结构设计	各种路基跨度、跨径、角度的墩台一般构造,以及各构件的钢筋图
9	桥梁下部结构耐久性设计	各构件的主筋、箍筋的混凝土净保护层厚度
10	桥梁公用构造的结构设计	桥梁公用构造各构件的设计指标,减少了模板类型
11	隧道内轮廓断面设计	隧道净空断面及隧道建筑限界
12	隧道预留洞室和预埋管道	预留洞室尺寸,减少洞室尺寸类型,预留洞室结构加强方式,各类洞室进出预埋管道的材料、规格、数量
13	收费广场	收费土建设计中广场布置,收费岛设计、广场排水、供水设施、安全设施等的解决方案

2.设计标准化的通用化

通用化是一种比较高级的高速公路设计标准化形式,是指在不同时间、不同地点设计制造出来的产品或构件,在装配、维修时不必经过改造就能任意替换使用。其广义的定义可归纳为:在互相独立的系统中,选择和确定具有功能通用性和管理通用性的子系统或功能单元的设计标准化形式。

通用化设计技术是在统一化设计基础上的提升,其一般过程是在单独设计某一种构件时,尽量采用已有的通用件;新设计的构件充分考虑到其能为以后的新产品所采用,使其成为通用件。目前,广东省高速公路设计标准化中的通用化主要聚集在设计方法通用化和构件形式通用化。

(1)设计方法通用化

高速公路标准化设计中的设计方法通用化主要对桥墩设计、现浇箱梁设计、桥梁养护设计、涵洞设计、隧道支护的设计方法等进行了通用化规定,具体见表2-2。

设计方法通用化　　　　　　　　　　　　　　　表2-2

编号	项目	通用化设计内容
1	桥墩设计	①风荷载对桥墩盖梁及墩柱计算将起控制作用;②在风荷载及地震作用等横桥向水平荷载作用下,盖梁采用刚构模型;③桥墩系梁配筋经过受力计算后确定,构造配筋未必满足设计要求;④桩基础设计时结合计算确定合理的钢筋长度
2	现浇箱梁设计	①跨径越小、箱室越宽,"剪力滞"的影响越大,常规跨径现浇预应力连续箱梁必须考虑剪力滞的影响;②钢束用量根据支点上、下缘控制力估算
3	桥梁养护设计	提出健康监测系统的概念设计标准
4	检测通道体系	①常规预应力混凝土连续箱梁桥检测通道体系;②装配式预应力混凝土小箱梁连续梁桥检测通道体系
5	混凝土耐久性	①提出桥梁结构混凝土耐久性概念设计方法;②结构整体性、连续性和冗余性原则;③可检性、可修性和可替换性原则
6	桥梁设计可靠度	汽车荷载标准按公路-Ⅰ级的1.3倍考虑
7	桥面铺装温度梯度	不考虑铺装种类的差别,考虑铺装厚度的折减
8	涵洞设计	①降低涵底天然地基承载能力要求;②考虑涵洞填土的土压力集中效应;③扩大了填土高度设计范围;④拱涵计算考虑了基础和台侧填料的影响
9	预制梁湿接缝	提出预制梁湿接缝环形钢筋搭接长度的计算公式
10	隧道支护	提出隧道结构设计关键参数取值方法

(2)构造形式通用化

高速公路标准化设计中的构造形式通用化主要对桥墩、桥台、现浇箱梁、涵洞、隧道等的构件形式进行了通用化规定,具体见表2-3。

构造形式通用化　　　　　　　　　　　　　　　表2-3

编号	项目	通用化设计内容
1	桥墩	墩高小于40m的桥墩采用柱式桥墩
2	桥台	①四车道和六车道的墩台均采用双柱(肋)的结构形式;②肋式桥台台高大于7m时宜设置承台间系梁
3	现浇箱梁	①确定路基箱式划分方案及适用范围;②确定了各跨径合理梁高;③给出了钢束布置方式、横梁结构形式

续上表

编号	项 目	通用化设计内容
4	简支小箱梁	①简支体系小箱梁适用跨径;②合理腹板斜率;③跨中横隔板合理道数;④跨中横隔板合理形式;⑤负弯矩钢束锚固方式
5	桥梁耐久性	桥梁上部结构各构件钢筋、钢束净保护层厚度取值
6	支座	常规桥梁支座布置形式和支座规格
7	隧道	公路隧道建筑限界和净空断面
8	装配式T梁	①提出适用于不同路基宽度的预制T梁优化标准截面;②取消预应力钢束平弯;③避免了预应力管道与腹板的干扰;④负弯矩预应力锚固齿板由分离式改为整体式
9	涵洞	箱涵的端涵节设计尺寸
10	收费广场	广场土建参数和平纵曲线参数

3. 设计标准化的组合化

高速公路设计组合化是按照统一化的原则,设计并制造出若干组通用性较强的标准化单元,根据高速公路设计的需要,拼合成不同的用途构件的一种高速公路设计标准化的高级形式。高速公路设计组合化是建立在系统的分解与组合的理论基础上,把一个具有某种功能的标准单元看作一个系统,这个系统又可以分解为若干功能标准化构件。

高速公路设计组合化的优点体现在多个小的构件按照设计标准化的先进理念组合在一起,实现化零为整,整体效益大于局部效益之和等方面。组合化在广东省高速公路标准化设计中的体现见表2-4。

组合化在高速公路标准化设计中的应用 表2-4

应用方向	组合化项目	组合化具体内容
桥梁上部结构	预应力混凝土箱梁	①为加强结构整体稳定性,一些大型桥梁将多片梁组合做成单片主梁;②箱梁梁高根据跨径进行组合设计,使梁高更加合理;③在箱梁预应力筋的设计布设中将平、纵、竖三向预应力筋组合设计;④预应力钢束的布设形式与锚固齿板位置和尺寸组合设计;⑤箱梁跨度与桥梁设计长度组合设计,合理选择标准跨径
	预应力混凝土T梁	①马蹄尺寸、形状与预应力筋的布设原则组合设计;②横隔板数量布设与桥梁横向联系相组合,使得横隔梁布设更加有利于桥面横向稳定;③T梁梁高与跨径组合设计,T梁宽度与桥梁整体宽度组合设计
	空心板	①预应力空心板的锚固形式与预应力筋的布设组合设计,可合理确定其锚固尺寸;②空心板的梁高、跨度以及桥梁宽度组合设计,共同确定空心板的结构尺寸;③空心板梁跨径与桥梁长度组合设计,使跨径更加合理

续上表

应用方向	组合化项目	组合化具体内容
桥梁下部结构	桥墩设计计算分析	①在桥梁墩柱尺寸设计上,将桥墩和桩基础组合设计,保证桩柱式桥墩和桩基础尺寸的匹配;②在桥墩数量上,将双向四车道和六车道组合设计,统一采用双墩形式;③在桩径和桩长设计上,将两者组合计算,得出合理的桩径和桩长
	盖梁设计计算分析	①盖梁设计中考虑风荷载设计,将风载和盖梁受力组合计算,确定盖梁尺寸;②支座与主梁结构形式、主梁数量组合设计,确定支座类型;③桥墩系梁的设计与盖梁共同组合建立结构模型进行分析计算,确定配筋和尺寸
隧道设计	隧道侧向宽度取值	①在进行隧道侧向宽度取值设计时,将其与设计速度组合设计,优化设计参数;②将隧道侧向宽度取值与公路等级、硬路肩宽度组合设计取值计算
	隧道结构断面设计	①将不同类型的隧道断面组合,共同对其各个构件尺寸进行设计;②将断面与公路等级共同组合设计,使断面更加完善和实用;③将隧道断面与其附属结构物组合设计使用
涵洞设计	各种形式的涵洞	①涵洞土压力集中系数计算时,将不同形式涵洞与其对岩土体组合受力分析,得出合理土压力集中系数;②将涵洞配筋和结构形式在计算时组合考虑,使受力更加合理;③涵洞翼墙形式与涵洞结构形式组合设计,使受力和结构更加完善
收费岛、收费广场	收费岛	①将主体工程、收费系统、房建工程组合化设计,设计更加与实际相吻合,更加实用;②将收费岛与车道数和公路等级组合设计,使其实用性更加显著;③将传统的多种收费方式组合归类,归为4类方式
	收费广场	①收费站设计、操作、维护组合一体,将流程简化;②公路几何形状、车道配置、路面标线组合设计

4.设计标准化的便捷化

便捷化是高速公路设计标准化的实现效果,高速公路设计标准化表现出最直接的优点就是便捷化。

便捷化在高速公路中的应用,主要是针对目前高速公路设计中存在的问题进行结构种类、规格的简化,设计流程与形式的简化,最终使得整个高速公路标准化设计便捷、高效。

(1) 结构种类、规格的简化

简化使预制构件产量加大后,单位预制构件所分摊的固定费用减少;预制构件、施工材料的种类、规格的缩减带来了仓库管理的便捷化,管理费用下降;减少了设计中的重复劳动,设计费用大大降低;预制构件使用率的提高,缩短了流动资金占用的时间等。广东省高速公路设计标准化技术中的简化设计技术见表2-5。

高速公路设计标准化中的设计技术简化 表2-5

编号	简化项目	简化内容
1	优化小箱梁跨中横隔板设置方案	①只在35m、40m跨径跨中设置一道横隔板,其他跨径取消跨中横隔板;②室内不设置跨中横隔板,仅在室外设置
2	预应力T梁横隔板设置方式	①20m T梁中横隔板的道数由2道减为1道;②40m T梁中横隔板的道数由5道减为3道
3	预应力混凝土T梁锚固方式	①预应力均采用圆锚配圆波纹管;②并取消了正弯矩钢束的平弯
4	桥面铺装类型的温度梯度荷载	两种铺装类型的温度梯度荷载统一为一种,按沥青铺装取值
5	桥梁各墩柱直径尺寸种类	采用模数化设计,对墩柱、基桩等的尺寸类型进行了简化归类
6	单幅桥墩台采用双柱(肋)结构	首次在四车道、六车道单幅桥墩台均采用双柱(肋)结构,既能降低工程造价,又能加快工程进度
7	单片梁4个支座改为2个支座	通过对装配式板梁桥和箱梁桥整体受力和结构端部局部受力分析研究,首次提出将单片梁4个支座调整为2个支座的改进措施
8	涵洞台侧填料改为非黏性土	首次将对于涵洞结构受力影响较小的盖板涵、箱涵台侧填料由中粗砂改为非黏性土

(2) 设计流程与形式的简化

现浇湿接缝横向钢筋与预制梁顶板横向钢筋原设计采用焊接与绑扎交错连接。根据桥面板钢筋连接试验成果,改为50cm以上宽度的湿接缝横向钢筋采用绑扎连接,50cm以下湿接缝维持原做法。

5. 设计标准化的模块化

模块是具有独立功能的、可成系列单独制造的标准化单元,通过不同形式的接口与其他单元组成产品,且可分、可合、可互换,模块化是以模块为基础,综合了通用化、组合化的特点,解决复杂系统类型多样化、功能多变的一种标准化的高级形式,其过程通常包括模块化设计、模块化管理和模块化装配,模块化产品具有广阔的发展前景和强大的市场竞争力。

模块化在高速公路设计标准化中主要体现在设计模块化、管理模块化和装配模块化。

(1) 设计模块化

模块化设计有两种情形,一种是为生产某种复杂结构或为完成某项工程采用模块组合的方法,根据该结构或工程系统的功能要求,选择、设计相同的模块,确立它们的组合方式;另一种是在对各种不同类型、不同用途、不同规格构件进行功能分析的基础上,从中提炼出共性较强的功能,据此设计功能模块,目的不仅仅是满足某种结构的需要,而是要它在整个高速公路建设范围内通用和推广。

(2) 管理模块化

高速公路建设项目模块化管理过程中,管理方式、管理制度、人员配置、作业标准等功能模块都是以文件化形式固定的,且均具备独立操作的能力。如此,承揽的任何项目都可以首先分解为多个功能模块,然后以标准化功能模块为基点进行管理,从而实现所有施工项目管理的模块化。在项目模块的下一层次,还可以进一步划分更小的模块单元,对其同样进行标准化模块管理。

(3) 装配模块化

在高速公路设计和施工过程中,将项目划分为若干个功能模块,实施模块化管理,可以有效保证管理的最佳效益。

在标准化的"统一化、通用化、组合化、便捷化和模块化"这5种形式中,统一化处于基础位置,依次向上,逐步实现通用化、组合化、便捷化、模块化。最初,对任何事物都要减少烦琐的形式和种类以达到优化,优化后的最佳成果经过不断完善,进行推广使用,达到共同使用和重复使用,逐渐形成统一的、通用的、可操作的方法。经过完善优化的方法实现局部最佳秩序,在标准化过程中如果再对这些方法进行组合,就极大地实现了标准化的拓展秩序。组合不是简单地叠加,而是根据标准化对象的特征和标准化的目标所进行的有针对性的组合,组合化后不仅实现了局部的最佳秩序,也提升了标准系统的最佳秩序,让组合化后的构造更加的便捷化。对组合化的成果进行固化形成独立的标准化单元,模块化是以标准化单元为基础,综合了通用化、组合化的特点,目的是为了解决复杂标准系统类型多样化、功能多变的一种标准化高级形式。

(二) 南粤绿色设计理念

1. 绿色建设理念

省南粤交通公司坚持以最少的资源占用、最小的能源耗用、最低的污染排放、最轻的环境影响,全面推行绿色公路建设新理念、新技术及新制度,建设"低碳、生态、优质、高效"的绿色公路,使工程建设与运营阶段能源和资源利用效率明显提高,环境友好程度明显提升,绿色公路建设取得明显成效,打造独具特色的广东绿色公路品牌,在绿色公路建设过程中,形成了自身一套方法体系。

(1) 理念先行

"绿色公路"建设理念贯穿规划、设计、施工、管理、运营养护全过程,在项目前期就注重顶层设计,从项目设计、招标、施工、管理,以及项目管理人员的队伍组建方面等,统筹谋划全局,制定目标方案,明确标准要求,践行绿色公路建设新理念,提高科学化水平。项目建设绿色公路,根据项目特点,突出特色,融合环境,不再是简单的"有路就行、路通就行",而是以满足人民群众日益增长的交通运输美好生活需要为目标,逐渐提升到综合的出行、服务体验,实现人们追求"美丽中国、美好生活"的愿景。

(2) 过程把控

建设"绿色公路",提升出行体验,都是建立在项目的实体质量之上。实体质量是"绿色公路"的基础,在建设过程中严把质量关,以标准化管理、精细化施工为出发点,以"南粤品质工程"建设夯实"绿色公路"的基础。在建设过程中以标准化管理为抓手,结合"互联网+交通基础设施"的思路,提升管理效率,以数据为基准,加强过程把控。项目建设紧跟时代前进步伐,加快推进工程管理信息化建设,依托"互联网+"技术,以"信息化树人、机械化换人、自动化减人"的新方式,建设一条质量过硬的品质路,夯实绿色公路建设成效。

(3) 路地和谐

高速公路本身就是民生工程,建设者应将高速公路建设与当地经济发展、环境等充分融合。面对复杂的建设条件、薄弱的基础设施、差异化的风俗习惯、多样化的群众诉求,省南粤交通公司坚持以路地和谐为目标,以群众利益为导向,结合当地百姓诉求,力求建设一条惠及民生的致富路。设计选线阶段就根据当地人文特色设置相关结构物,注重路域景观提升设计;推行以最少生态破坏来守护"绿水青山",以保证老百姓的"金山银山"。

2. 绿色设计思路

省南粤交通公司及所属建设项目坚决贯彻绿色公路建设理念,从设计开始着手规划绿色公路建设,充分认识到设计方案对项目影响区的生态环境、水环境、景观环境、居民日常生活及沿线土地利用和规划等产生的重大影响。因此,公路设计阶段便不断优化各项设计,以减少工程对环境的影响,绿色设计的主要思路主要包括以下几点。

(1) 项目前期统筹设计,将尊重自然、绿色低碳、服务地方等理念融入项目前期规划,增强规划的前瞻性和针对性;在前期规划中,针对如何将绿色环保的理念与现代工程相结合,如何在成本控制与绿色环保工程建设之间找到平衡点以及如何将绿色环保工程与当地地方建设相融合等方面进行深入研究和探索。

（2）强化生态环保设计，节约土地资源使用，有效避让基本农田，强化生态景观设计，细化防护排水设计，提升道路景观，注重生态功能恢复，促进循环经济，不断推进生态文明建设；借鉴生态环保设计理念在其他领域中的先进做法，结合现代工程建设理念，综合项目当地实际状况，在土地利用率、生态环境保护效率以及循环经济发展效率上开展广泛调研工作，以达到现代绿色环保工程建设的要求。

（3）注重绿色节能设计，探索建筑保温、清洁能源、再生能源、节能通风与自然采光等绿色节能技术的应用；落实污水处理和利用，推广水循环利用技术；推广用LED节能灯具、照明智能控制系统等新设备新技术，因地制宜推广太阳能、风能等清洁能源，注重存量资源挖潜扩容升级，尝试推进废旧材料循环利用，强化结构性减排和技术性减排；针对项目沿线的供电、供水和供能的需求，将新能源使用和提高能源利用率相结合，将节水理念与提高水资源利用效率相结合，将临时用电与永久用电相结合，开发与节约并举，以实现绿色节能功能的建设要求。

总之，省南粤交通公司基于标准化设计和系统的绿色化设计，通过不断总结、实践，形成具有南粤特色的设计理念。

第二节　设计管理方法

建章立制、创新理念、强化落实是省南粤交通公司设计管理的主要特点。

一、建立设计管理制度

1. 完善设计管理体系，强化长效机制

省南粤交通公司建立了完善的设计管理制度体系，按照总体要求、初测、初步设计、定测详勘、施工图设计5个方面分别制定了一系列制度及文件，对设计全过程管理进行了规范统一。涉及总体要求的制度文件主要有《建设项目勘察设计管理工作指南》《关于筹建项目总体设计工作要求的通知》《关于加强筹建项目设计咨询单位管理的通知》等；涉及初步设计的制度文件主要有《关于筹建项目初步设计要求的通知》《关于进一步深化筹建项目初步设计工作的通知》等；涉及定测详勘的制度文件主要有《关于做好筹建项目定测外业验收工作的通知》；涉及施工图设计的制度文件主要有《关于印发南粤交通筹建高速公路施工图设计指导意见的通知》《关于进一步加强筹建项目施工图设计管理工作的通

知》《广东省南粤交通高速公路房建工程标准化设计指南》《广东省南粤交通高速公路房建工程标准化设计图纸》《机电专业技术管理工作要点》等。完善的设计管理制度体系为项目的勘察设计管理工作理清了思路、指明了方向。

2.落实信用评价管理体系，强化合同管理

勘察设计合同是项目业主和勘察设计单位开展工作的前提和基础，信用评价是业主强化设计质量、进度管理的重要工具。省南粤交通公司充分利用设计单位信用评价手段，按照实事求是的原则对设计单位进行信用评价；同时要求设计单位从管理层到设计层高度重视，严守契约精神，按照合同约定开展勘察和设计工作。

3.量化设计考核目标，首建问责制度

省南粤交通公司明确提出"建设项目实施阶段由于勘察设计原因造成的设计变更额度不超过项目概算建安费的5%"的总体质量控制目标，作为考评设计质量和项目管理的重要指标，并以此制订了明确的勘察设计质量要求及违约处罚条款，取得了良好效果。

二、创新设计管理理念

省南粤交通公司始终坚持"设计理念贯穿设计全过程"，设计之初就明确项目建设理念，在此基础上形成项目的设计理念，并在初设大纲、施工图设计细则中加以细化和完善。

1.坚持理念先行，抓好总体设计，夯实设计基础

在项目筹建阶段，建设单位结合项目特点和项目工作大纲要求，明确建设理念，并由公司组织审查后下发执行。在实施过程中，以项目工作大纲为主线，结合工程特点，由项目业主主导，探索实现理念的具体措施，将总体理念转化为能够真正指导设计的具体点，并贯彻到项目勘察设计管理理念之中。

公路总体设计是纲要，是其他专业设计的基础。加强总体设计与协调，有利于把控设计进度和质量。为规范总体设计管理，省南粤交通公司高度重视总体设计工作，及时组建有技术能力、能统揽全局的总体设计组，明确总体设计单位和参与各方的权责，做好项目总体设计协调，及时组织制定项目总体勘察设计工作大纲，必要时组织专家审查，同时督促各设计单位严格执行，以保证设计成果的完整性、合理性、统一性。

2.培育人才融入机制，加深项目管理认识，形成具有自身特色的技术风格

省南粤交通公司成立之初，管理人员、技术人员均来自不同单位和不同建设领域，虽然多样的技术风格丰富和开拓了公司的管理理念和思路，但同时也带来了一系列的问题。例如，在项目设计管理过程中，对方案把控的尺度不一，对广东省成熟、可靠的技术经验理解不足，对地方特有的民风民俗不甚了解。因此，省南粤交通公司组织管理人员、技术人员，在重新调研广东既有项目建设管理经验的基础上，结合每个项目特点，总结提升出符

合建设实际同时具有自身特色的技术风格,形成省南粤交通公司特有的管理理念,并教育培训相关管理、技术人员,使其贯彻在项目建设、设计管理过程中。

3. 坚持绿色设计、品质设计,提升人民满意度和社会认可度

以品质工程、绿色公路为引领,不断创新理念、方法和手段,全面贯彻公路工程全寿命周期成本理念,在考虑公路建设、养护、运营、管理等成本效益的同时,更加注重安全、绿色、服务等社会效益,更加注重公路的功能性和出行者需求,推动公路建管养协调发展。

在坚持人与自然相和谐以及顺应自然、尊重民意等方面努力寻求最佳共赢点位。通过开展优化设计、动态设计,积极改善生态环境,促进资源、能源节约和综合利用,切实做到保护耕地、水域、森林等自然资源,努力打造资源节约环境友好型公路;通过开展用心用情等人本化设计,优化完善互通立交、地方路连接线、线外工程等设计内容,将民众需求真正落到实处,做到充分尊重民意、民风、民情,努力打造路地和谐型公路。

三、强化全过程设计管理

1. 形成固定内部审查制度,建立设计审查"双轨专家制"新模式

为加强勘察设计过程管理,省南粤交通公司提出设计方案内部审查制度,主要包括项目勘察设计起步阶段地形图航测的路线方案内审、项目初测钻孔全面布设前及工可修编之前的初测路线方案内审、项目定测钻孔全面布设前的定测方案内审、施工图内审等,形成了有效的固定模式。

在设计审查过程中,提出审查"双轨专家制"。组成由特邀专家和咨询单位专家联合成立的专家组,并增设各专业专家、业主与设计单位面对面沟通讨论环节,不仅能够使专家的审查意见得到充分表达,而且能够使设计单位在设计过程中的主客观意见得到充分反馈,有效地解决了设计过程中的重点难点问题,加快了项目推进过程,提高了设计审查工作质量与效率。

2. 项目业主管理渗透设计全过程,搭建全过程咨询平台

为保证设计方案的可实施性,加强项目业主的主导性,省南粤交通公司明确要求项目业主全面参与勘察设计,特别对于重大的设计方案比选,形成建设单位的主导意见或审查意见。对各阶段的相关协议,项目业主组织核实重点路段的线位及构造物设置意见,尤其加强设计单位开展工作较困难路段的协调工作。

为最大限度发挥设计咨询单位的作用,减少评审时咨询和设计对重大技术方案的分歧,减少设计工作的反复,提高设计工作质量及工作效率,省南粤交通公司确立了全过程设计咨询的管理模式。与设计咨询单位搭建了良好的沟通协作平台,理清了全过程设计咨询的流程及方式方法,要求咨询单位尽早介入,并参与设计过程,及时和设计单位沟通

意见,让咨询意见及时落实,显著提高了设计文件质量。

3. 建立各专业协调机制,推进主体设计与招标密切结合

省南粤交通公司明确规定初步设计阶段土建主体工程与交通工程(机电、房建、交安、绿化)同步有序推进,清晰各专业间接口,加强各专业间的协调、互动,避免相互脱节;同时,从整体招标节点考虑,试行土建、路面、房建工程、景观绿化等合并招标,并以此开展设计,大幅降低了工程投入,同时缩减招投标时间。

4. 合理用设计标准化,提高设计效率,保证设计质量

广东省设计标准化的提出,大大提高了设计工作效率及质量,自设计标准化工作推行以来,省南粤交通公司执行广东省交通运输厅关于高速公路设计标准化管理的相关要求,各建设项目充分吸收,灵活利用广东省标准化研究的相关成果。在标准化贯彻使用过程中,做到"设计标准化不等于完全一刀切",对桥梁上部结构等标准图做到完全标准化;对桥梁下部结构、路基路面、隧道预留预埋等参考图,充分结合项目实际地形、地貌等外部条件,做到因地制宜,进行针对性设计、精细化设计。

5. 重视地质勘察,开展地质调绘专项验收,落实"一坡一审"专项审查

针对以往公路勘察设计过程中地质资料不全、不准、不实的问题,省南粤交通公司要求各项目均引入工程地质勘察监理,跟进勘察工作;并创新性地提出了地质调绘专项验收的工作要求。初勘阶段大范围的地质调绘,不仅满足了初步设计阶段着重进行大范围选线的要求,加快了勘察工作进度,节约了比选价值较小线位上的钻孔工作量,提升了工作效率;同时,也减少了后续路线方案因地质变化引起的重大调整。施工图阶段开展高填深挖路基"一坡一审"等专项审查,为项目实施过程中可能存在的重点难点专项提供技术支持,减少设计工作的反复,起到了很好的效果。

省南粤交通公司通过强有力的制度建设、理念创新和真抓实干等一系列的管理举措,稳步推进工程设计管理,在工程系统设计、安全设计、生态环保设计、景观提升设计、人性化设计等方面进行了卓有成效的探索和实践,从顶层系统布局指导工程建设,取得了显著的社会经济成效,从设计源头保证了省南粤交通公司的工程品质。

第三章

系统设计

第一节　全寿命周期设计

一、全寿命周期设计定义与内涵

寿命周期过程是指在设计阶段就考虑到产品寿命历程的所有环节，将所有相关因素在产品设计分阶段得到综合规划和优化的一种设计理论。全寿命周期设计不仅要求设计产品不能仅局限于产品的基本使用功能和质量要求，更要延伸到产品的规划、设计、生产、经销、运行、使用、维修保养，直到回收再用处置的全寿命周期过程。

省南粤交通公司承担的项目大部分位于粤东西北山区，沿线自然环境优美，但相对落后的交通基础设施严重制约了沿线经济发展，公路建设需求紧迫，而山区地貌决定了公路建设成本投资大且短期营运效益差。因此，在总体路线方案、工程结构等建设方案决策上充分考虑全寿命周期因素，可使之能够可持续发展。

二、总体路线全寿命周期设计

山区高速公路建设不同于一般高速公路，其桥隧比较高，工程规模大、技术要求高、施工环境复杂、投资风险大，需重点考虑地区经济发展带动和区域自然环境保护。而总体设计往往决定了整个项目的建设、投资水平。因此，在工可、初设总体路线方案研究比选中，如何保护环境，节约建设成本，利于项目质量和建设控制，同时又能有效发挥高速公路经济纽带作用，是首先需要解决的问题。

仁博项目仁新段在全寿命周期技术经济分析方面开展了大量的工作。在工可阶段，综合比较建设投资、日常养护及大修费用、隧道管理费等支出，进行了路线比选论证。在初测、初步设计阶段，青云山隧道成本控制侧重服从工程总体成本控制。在定测、施工图阶段，隧道成本控制主要侧重于土建成本控制，通过各个阶段成本控制，有效控制隧道项目的全寿命周期成本。对于大桥、特大桥，综合考虑运输条件，基于施工工艺成熟，可集中预制、装配化施工，且经济性好、质量易保证等优点，优先采用预制吊装施工的中等跨径小箱梁和T梁。对于预制装配式混凝土梁、板结构，为增加行车舒适性及减少桥梁使用期的运营养护费用，预制结构采用先简支后连续的方式。

仁博项目仁新段与龙怀项目龙连段在韶关市翁源县县城附近交叉，受沿线青云山脉影响，交叉路段地形起伏较大且桥隧比例较高，枢纽互通布设较为困难，局部路段两个项目线位接近,总体工程规模及施工难度较大、后期运营养护成本较高。为此,从总体路网布局及全寿命周期成本考虑,组织相关设计单位开展了两个项目交叉路段的共线方案研究,即将武深高速公路双向六车道与汕昆高速公路双向四车道合并为双向八车道高速公路,共同沿狭窄的走廊带布线。先后对共8个路线方案不同组合的交叉与共线方案进行比选,综合考虑路线长度、路基、桥梁、隧道、互通立交等控制因素,并充分征询地方意见。交叉方案虽总建设里程长,造价较高,全寿命周期成本较高,但避免了作为主流交通的武深高速公路交通量绕行,减少了燃油消耗及排放,降低了社会成本及环境影响,最终推荐采用交叉方案。

此外,山区高速公路常常需跨越不同的地形和地貌单元,在路线方案基本确定的情况下,局部路段方案深入比选尤为重要,深挖路堑与中短隧道方案比选就是其中的典型案例。在以往实际工程实例中,受限于各种因素,设计往往未结合地质条件进行深入比选,而是根据经验直接确定设计方案,导致部分方案选取不合理,深路堑边坡坍塌或者隧道病害多发。随着公路向山区发展的趋势,深挖路堑边坡与隧道方案选择上仍是设计方案比选的焦点,对该类型的设计进行充分研究比选尤为重要。

仁博项目在工程设计时对山区高速公路深路堑、短隧道方案进行了深入比选,两种方案比选时,结合路段土石方调配,将安全、土石方和环境保护等因素纳入方案比选中,综合考虑隧道出渣(挖方土石方)或者桥梁预制厂设置等问题,最终提出设计方案,将公路建设对生态环境的影响降低到最低程度,在山区公路建设与环境保护之间寻找到了新的平衡点。通过深入分析两种方案对生态环境的影响,结合地质特点和路段构造物特点,合理地选取深路堑方案,不但解决了生态环境问题,合理控制了工程造价,同时也避免了短隧道的高风险施工。

总体而言,深挖路堑方案和中短隧道方案各有优缺点。短隧道虽可减少对山体的大开挖,但其造价高,特别是在地质条件特别复杂、浅埋偏压情况下,施工安全风险高,运营养护费用高,而深路堑则反之。所以对边坡地质条件较好,路基开挖后对生态环境破坏小,边坡处理费用较低,路段缺土的条件下,贯彻因地制宜、就地取材的原则,采用深路堑方案较经济合理。与此同时,做好边坡绿化防护设计,及时复绿,将边坡开挖对环境的影响降低到最小。

省南粤交通公司所属项目将全寿命周期设计理念运用在互通设置上。高速公路的互通式立体交叉按功能可分为服务互通和枢纽互通。服务互通是用来集散高速公路沿线的地方车辆进入或驶出高速公路之用,一般设置在城镇附近,要与地方路网相衔接,并尽量方便地方使用。枢纽互通是设置在两条或两条以上的高速公路相交叉的位置,仅用于不同高速公路上的车辆转换,一般不设收费站,不与地方路网衔接。随着国家公路建设的快速发展,局部区域内的路网分布密集,导致高速公路常常会出现三路交叉的情况,即枢纽

互通要实现落地功能。对于山区高速三路交叉枢纽,如何克服地形,既满足互通功能需求,又力求工程造价最优,合建和分建方案的选择起到至关重要的作用。

仁博项目新博段的会前枢纽互通和英怀项目禾联岗枢纽互通是在满足枢纽互通落地需求的基础上,结合互通区域边界条件,综合考虑互通服务功能、行车安全、造价等对"枢纽互通 + 落地匝道"合建复合方案和"枢纽互通 + 单独落地互通"分建方案进行综合比选。一般而言,合建方案具有快速实现交通转换、布设较为紧凑、连接线短等优点,但也往往存在辨识度较差、交织运行等缺点;分建方案具有交通流运行简单顺畅、地形适性强、辨识度相对较好等优点,但也存在互通间距较近、互通布设松散、连接线较长等缺点。

第二节 建管养一体化设计

高速公路建设与养护管理是由勘测、规划、设计,建设、运营、养护管理,重建(扩建)等多个阶段所组成的具有完整生命周期的过程,这些阶段之间存在必然、密切的关系。国内高速公路建设和养护模式经历了学习借鉴、创新,再到形成自己模式和标准的历程,有效地推动了我国高等级公路的发展。

高速公路建设与养护一体化决策、设计的本质就是利用建设与养护过程的信息,采用一定的决策方法,通过一定的设计手段,实现高速公路建设与养护的目标。高速公路建管养一体化决策、设计以公路建设项目整个寿命期为分析期,从经济、技术、环境等多角度考虑高速公路设计、建设及养护管理不同阶段对决策优化可能造成的影响。建管养一体化设计运用工程全寿命期集成管理的思想,可以保证公路建设、管理与养护的稳定性和连续性,利用集成信息平台可以保证信息在建管养各阶段的畅通和共享,实现其建设、管理和养护的无缝衔接,实现工程责任的连续和可追溯性。

在建管养一体化设计方面,省南粤交通公司所辖项目也进行了大量的工作。在总体、方案上考虑远景扩展需求,考虑后期运维养护需求,以及在永临结合等方面都取得了积极成效。

一、总体方案考虑远景发展需求

在初测、初步设计、施工图设计阶段的选线、互通匝道设置、服务区设置、设计指标运用等方面,仁博项目充分考虑项目定位及沿线城镇建设、发展规划,竭力消除对未来交通发展的障碍,具体体现在以下几个方面:

(1)从高速公路基本定位出发,兼顾城镇近期发展和长远规划。项目充分考虑仁博项目沿线新丰县、龙门县等城镇规划,路线走向和方案选择以"靠城而不进城,方便而不干扰"的原则来处理好线位与城镇规划的关系。

(2)高标准建设消除未来交通瓶颈。从仁化至新丰段当前交通量来看,双向四车道可以满足交通需求,但考虑到项目沿线丰富的自然资源、农业资源以及泛珠三角区域经济发展需求,若在粤北山区通过改扩建提高通行能力难度非常大,为此,仁化互通至终点路段均采用双向六车道的高速公路标准;在项目实施阶段将蓝田停车区升级为蓝田服务区,并将龙门南互通与省道S244平交口进行拓宽。

(3)考虑远期预留,优化设计方案。结合定测验收意见,施工图设计阶段优化了隆街停车区设计方案,设置了兼具高速公路救援、车辆误行掉头、两侧广场联通及远期接地功能的联络匝道,预留远期崧岭互通的设置条件。滃江大桥上跨滃江部分40mT梁采用两种斜交角度,主要为航道管理部门考虑远期通航预留而设置。

(4)考虑未来新能源汽车发展趋势,在服务区设置位置合理、数量够用充电桩。龙门服务区功能分区平面示意图见图3-1。

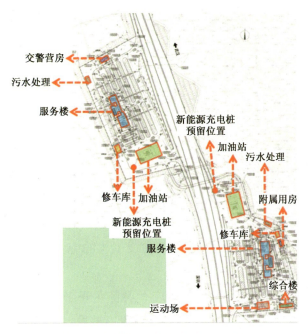

图3-1 龙门服务区功能分区平面示意图

二、满足后期运维养护需求

针对山区高速公路运维成本高的问题,仁博项目仁新段尽可能采用常规桥梁形式,并在边坡桥台、连续箱梁、特长隧道等特殊结构或部位充分考虑养护工作需要,合理设置检养通道,使运营维护实现"可修、可检、可达"。主要体现在以下几个方面:

(1)项目在设计时贯彻执行了广东省设计标准化的成果,包括《广东省高速公路路基、路面排水系统一体化设计专题研究》《广东省T梁专题研究报告》《广东省高速公路设计标准化专题研究——常规桥梁支座优化设计研究》等,设计标准化前期开展了相关专题,尤其是专门针对建养一体化进行了专题研究,征询并考虑了营运管养单位关于管养方面反馈建设的有关意见,并体现在标准化成果之中。

(2)路基边坡、桥台锥坡等处结合急流槽、防护工程合理增设检查踏步(部分坡率较陡的上边坡的检修踏步设置了扶手),对必须设置的圬工防护的边坡尽量考虑预制构件和标准化施工降低运营期维修难度和费用。

(3)桥梁上部结构预留人孔(如新庄大桥、锦江大桥)及其进入通道,下部结构设置检修通道和合理净高,为后续检修提供便利条件。

(4)为便于对洞内设施的维修养护,隧道内设置双侧检修道,检修道的高度考虑检修人员步行及下跨时的安全,以及紧急情况下驾乘人员上跨拿取消防设备安全,同时结合隧道内强、弱电缆、给水管等的规模、下置形式,满足电缆槽空间尺寸的安全;特长隧道(如青云山隧道)设置斜井通风,斜井在施工阶段可增加开挖面提高隧道开挖进度,运营阶段用于火灾工况下的紧急排烟,兼顾了建设和运营的需要;隧道内设置手推式灭火器放在检修道上,便于一旦发生火灾时快速使用。

三、施工便道、供电设施以及临建设施永临结合

1. 施工便道永临结合

龙怀项目英怀段位于粤西北山区,路线全长88.974km。沿线穿越陡峭山岭地带,作业面狭窄,地质条件复杂。主线布设于深山峡谷中,施工主便道约260km,施工时间跨度大,加之粤北雨季长,地质灾害频发,致使各种材料运输时通时阻,设备进场尤为困难。由于项目工期紧张,尽早修通施工便道,有利于主线工程的施工进度,对保障通车任务有着极大的推动作用。

项目沿线涉及群众利益的问题点多面广。项目在开工初期,项目组对沿线地形、地貌、村庄、道路进行踏勘。为合理利用资源、加快施工进度、便利地方群众出行,管理处提出了施工便道"永临结合"的设计方案,对山区路段施工便道与地方改路结合进行专项改道工程设计,如TJ37标地形地貌复杂,山势陡峻,修筑施工便道非常困难,且当地老百姓出行极不方便,为改善老百姓出行条件,考虑了施工便道与地方改路相结合,同时便道纳入了先行工程TJ41标提前实施,为后续进场标段缩短施工准备时间,为山区路段创造了提前开工的有利条件。

英怀段穿越群山峻岭,许多工点处于山与山之间,山间道路不通,许多工点无法到达,

材料及设备进场成为难题。如TJ36合同段桔子岭改道工程,由于施工线路变更偏移,原设计改路已无法利用,需重新设计施工便道。为考虑材料、设备的运输、中转,同时考虑到道路修通后,地方百姓也可将其作为林业运输通道,故变更设计阶段考虑了"永临结合"专项设计,局部进行了拓宽设计,对部分边坡进行固化防护,弯道危险处设计了防撞墩等安全设施。便道施工过程十分艰苦,施工人员只能用小型设备,在岩石陡壁上一点点地开凿,逐渐形成一条条蜿蜒的道路,便道成为项目材料、设备进场及运输的生命线。工程结束后,便道交付给了地方使用管养,成为项目建设给山区百姓带来的增值服务。

2. 供电设施永临结合

一般高速公路项目供配电设施设计方案根据项目用电负荷的分布,采用分区域集中供电的方案,在各用电点设置变电所或箱式变电站,从就近的供电局变电站或就近10kV及以上线路引电。在变电所内设置变压器,同时设置自启动柴油发电机组作为第二电源,对一级负荷中特别重要负荷设置不间断电源(Uninterruptible Power System,UPS)或应急电源(Emergency Power Supply,EPS)。

英怀段牛塘隧道为特长隧道(单洞长3805m),为保障其供电,采用两路10kV电源分别从隧道两端引入隧道,在隧道中部3号车行横洞处设置箱式变电站,供隧道中间路段用电。为提高特长隧道用电可靠性,牛塘隧道B1变电所、牛塘隧道B2变电所及横洞箱式变电站均由两路10kV电源进线(配备10kV电源切换装置),两路10kV电源互为备用。

牛塘隧道临时用电负荷为1830kVA,永久用电负荷为2100kVA。本工程结合临时用电、永久用电需求进行外供电线路设计,达到永临结合的效果,减少了施工临时用电设备的投入,其10kV临时用电电源由35kV杨梅站10kV杨梅圩镇线1号塔提供,当转换为永久用电时,电源由35kV杨梅站10kV高压柜提供。

3. 临建设施永临结合

英怀段在进场初期首先面临的就是临建选址问题。由于项目地处山区,选址本身就不易,再加上临时用地要价太高,最终利用怀集管理分中心羽毛球馆(现为职工之家)与钢筋加工棚永临结合的方式解决难题。怀集管理分中心位于TJ40合同段范围内,以此为契机,将管理中心场地提供给TJ40合同段作为临时用地,TJ40合同段无偿完成管理中心羽毛球馆框架结构建设,并利用羽毛球馆混凝土框架结构作为钢筋加工棚的一部分。过程中以羽毛球馆尺寸为基础,钢筋加工棚一部分采用原设计羽毛球馆尺寸,另一部分按临建面积要求完善钢结构建设。待土建工程完工时,将其中的临时钢结构拆除,混凝土框架结构保留下来,作永久使用,后续由路面合同段完成羽毛球馆建设。通过临建设施永临结合建设,既为施工单位节约了临时用地费用,又为业主房建工程节省了约50万元的造价,更为项目顺利通车铺平了道路。施工过程中"永临结合"钢筋加工棚见图3-2,建成后的职工之家见图3-3。

a)钢筋加工棚总览　　　　　　　　　　b)钢筋加工棚

图 3-2　施工过程中"永临结合"钢筋加工棚

图 3-3　建成后的职工之家

四、施工监测设备"永临结合"

项目施工过程中,常常需要对重要结构物或工点设置监控监测设施,通常主要考虑施工过程的需求而设置,通车后常常废弃,造成工程的浪费,同时施工过程的监测数据未能和长期监测很好衔接,造成数据的不连续。仁新项目地处粤北山区,高填深挖路基较多,设计文件中对高填深挖路基边坡进行了变形与稳定性监测设计。为进一步强化路基边坡动态监测、检测工作,建设单位委托高填方、深路堑边坡监测及锚索拉拔试验检测等第三方专业技术服务单位,通过专业检测手段及过程数据采集,对高填深挖路基边坡的变形、稳定性进行动态跟踪,对设计及施工进行动态优化调整。通车后将施工期设置的监测桩及监测检测资料移交养护单位,便于营运期进一步延续对重点边坡开展科学评估和继续监测。

第三节　耐久性设计

省南粤交通公司在路面、桥梁、隧道等工程结构方面进行了大量的耐久性设计工作,结合广东省环境特点,从材料选择、设计方法、构造措施等方面系统地进行了分析研究,总结梳理出了一套完整的适合广东气候环境特点的耐久性保障措施,并进行了工程实践应用。

一、水泥混凝土路面耐久性设计

水泥混凝土路面耐久性是指正常服务期内,在外界环境气候因素、车辆荷载和路面结构内部缺陷的长期作用下,原设计功能不显著降低的性质。主要包括材料耐久性和结构耐久性。实践表明,耐久性破坏对水泥路面的危害程度要远高于荷载类破坏形式。表3-1列出了水泥混凝土路面可能发生的耐久性破坏形式。

水泥混凝土路面可能发生的耐久性破坏形式　　　　表3-1

形式	类型	原因	直接或间接评价指标
磨蚀类破坏	溶蚀	路面裂缝内压力水导致水泥水化产物加快溶解	抗侵入性耐磨性
	空蚀	轮胎与路面间压力水对路面的冲击作用	
	磨耗	车轮对粗、细构造的长期磨损	
腐蚀类破坏	碱—集料	水泥中的碱与集料中的活性氧化硅发生化学反应	抗侵入性
	酸腐蚀	废液、污水等酸性污染物中和碱性的水泥水化物	
	氯离子腐蚀	污染物中氯离子导致路面板内配筋锈蚀	
温度类破坏	淡水冻融	混凝土内部水的结冰膨胀压和渗透压所致	抗侵入性抗冻性
	盐冻	除冰盐加剧了冻融破坏的强度和速度	
	高温类	高温尾气导致路面出现温度梯度力	
收缩破坏	塑性收缩	新铺筑路面水分过快蒸发而导致表面开裂	抗侵入性抗裂性
	干缩	混凝土水分丧失而导致收缩开裂	
	碳化	汽车尾气中二氧化碳分解水泥水化产物	
	水化膨胀裂缝	水泥中游离氧化钙和游离氧化镁产生结晶膨胀压	

水泥混凝土路面耐久性不足的原因可以分为外因和内因。内在原因主要包括结构的设计形状和构造形式、选用的水泥和集料的种类、外加剂的品种,钢筋保护层的厚度和直径的大小、混凝土的水灰比、浇筑和养护的施工工艺等。外在原因主要受制于环境对混凝土结构的物理和化学作用,其主要包括抗渗、抗冻、耐磨、耐腐蚀、碳化、碱—集料反应及混凝土中的钢筋锈蚀等性能。

二、沥青路面结构耐久性设计

沥青路面结构耐久性是指保证沥青路面具有较长的使用寿命和较高使用性能的性质。沥青路面结构发展总是依靠结构设计方法的发展,新的设计方法决定了新型沥青路面结构。沥青路面结构与厚度的设计方法主要有以下几种:

①日本经验设计方法(TA法)。该方法根据路基承载力和交通量确定当沥青路面各

结构层均为沥青混凝土时的总厚度，然后根据不同材料之间的等值换算关系，最后换算成使用不同材料各层的厚度。

②加州承载比（CBR 法）。通过对实际路面 CBR 值的观察与检测，以此作为路基、路面性能指标，建立起它与交通荷载和结构层厚度之间的统计关系。

③美国各州公路和运输工作者协会（AASHTO）设计方法。AASHTO 设计方法是基于试验路数据的设计方法，它建立了路面结构、性能、轴次之间的统计关系，然后得到路面结构数（SN），从而设计出所需要的路面结构。

④美国沥青协会设计方法（AI 法）。AI 法基于两个路面破坏指标，通过弹性层状体系理论并结合沥青混凝土面层厚度计算诺模图，进行沥青路面结构与厚度设计。

⑤我国路面设计方法。以力学分析为基础，以路表设计弯沉为主要设计指标，并辅以沥青面层和无机结合料类结构层的层底容许拉力作为验算指标。

为保证沥青路面的耐久性能，往往需要路面具有高温稳定性（抵抗车辙病害）、低温稳定性（抵抗开裂病害）、水稳定性、防止路面疲劳、老化和良好的施工性能。沥青路面结构耐久性设计遵循以下原则：

①用于指导高抗车辙性能的路面结构与组合设计，综合考虑导致车辙产生与发展的内外部影响因素。

②根据路面拟达到的不同的设计年限选择相适应的原材料、级配、结构设计组合与施工工艺，在路面达到设计使用年限的基础上，可考虑就近选材、原材料价格，施工成本等因素的综合影响。

③设计方法具有实用性和可操作性，易为设计和施工人员所掌握。

三、桥梁混凝土结构耐久性设计

为保证混凝土结构的耐久性能，目前各国都制定了耐久性规范，在设计阶段对混凝土结构的相关耐久性指标提出要求或做出验算。通过对欧洲混凝土协会—国际预应力混凝土协会（CEB-FIP）、欧洲规范（Eurocode）、AASHTO、日本混凝土指南（JSCE Guidelines）、Concrete Design for a Given Structure Service Life 等国外规范，以及《混凝土结构耐久性设计与施工指南》（CCES 01—2004）《公路钢筋混凝土及预应力混凝土桥涵设计规范》（JTG 3362—2018）《混凝土结构耐久性设计规范》（GB/T 50476—2008）等国内规范的对比发现，国内外已有规范中采用的混凝土结构耐久性设计理论与方法主要包括环境区划、耐久性设计参数和耐久性验算三个方面的内容。

1. 环境区划

环境区划是混凝土结构耐久性设计的基础，主要用以确定混凝土结构及构件所处的环境类别及其耐久性作用等级。在进行混凝土结构耐久性设计时,环境作用作为一种广义的荷载,对结构性能的退化过程将产生十分重要的影响。

2. 耐久性设计参数

目前的耐久性设计规范规程中,并没有明确地提出概念设计的说法,但对水灰比、强度等级、保护层厚度等耐久性设计参数提出了具体的控制要求。

国内的《混凝土结构耐久性设计规范》(GB/T 50476—2008)针对环境类别和作用等级以及设计使用年限和结构形式的区别,对混凝土材料、构造、施工质量和保护层厚度提出了具体的要求,表3-2给出了氯盐环境下梁柱等条形结构在不同条件下的混凝土强度等级、最大水灰比和保护层厚度的要求。此外,规范还给出了一般大气环境、冻融环境、化学腐蚀环境下的保护层厚度最小值,这里不再一一列出。

氯化物环境中混凝土材料与钢筋的保护层最小厚度(单位:mm) 表3-2

环境作用等级		设计使用年限								
		100 年			50 年			30 年		
		混凝土强度等级	最大水胶比	c	混凝土强度等级	最大水胶比	c	混凝土强度等级	最大水胶比	c
梁、柱等条形结构	Ⅲ-C Ⅳ-C	C45	0.40	50	C40	0.42	45	C45	0.42	40
	Ⅲ-D Ⅳ-D	C45 ≥C50	0.40 0.36	60 55	C40 ≥C45	0.42 0.40	55 50	C40 ≥C45	0.42 0.40	50 40
	Ⅲ-E Ⅳ-E	C50 ≥C55	0.36	65 60	C45 ≥C50	0.40 0.36	60 55	C45 ≥C50	0.40 0.36	40 45
	Ⅲ-F	C55	0.36	70	C50 ≥C55	0.36 0.36	65 60	C50	0.36	55

四、隧道结构耐久性设计

隧道工程处于复杂的地质环境中,受环境介质的影响比较严重,岩土体的侵蚀性介质极易进入隧道混凝土内部,使得混凝土和钢筋性能发生劣化,从而降低混凝土结构的承载力和适用性,最终影响整个隧道结构的工作性能。一般而言,隧道结构的耐久性需考虑混凝土材料的耐久性、支护结构体系的耐久性以及符合耐久性施工要求等,隧道结构耐久性设计注意以下几个方面。

1. 从材料方面提高耐久性

混凝土耐久性影响因素较多,强度指标仅仅是其中的一个指标,而混凝土材料的长期性能与混凝土的配合比、水灰比、水泥类别、掺合料、集料级配、抗碳化、抗氯离子渗透等都有关系,因此应该结合工程特点具体提出对隧道结构混凝土材料的耐久性指标。

2. 从初期支护上提高耐久性

初期支护属于不可维修部位，其耐久性问题更引起重视，通常在设计时选择合理喷射混凝土的原材料，精确地进行配合比设计，配合比通过试验确定，满足设计强度和喷射工艺要求，即易喷射、不堵塞、减少回弹量和粉尘。结构设计时，可适当考虑采用纤维混凝土等来提高其抗裂能力。

3. 从防排水系统方面提高耐久性

隧道防排水系统包括防水系统如帷幕注浆圈、塑料防水层以及自防水混凝土，排水系统包括盲沟以及排水沟，隧道防排水系统是隧道耐久性的重要组成部分。

五、工程实例

1. 悬索桥锚固系统耐久性设计

为了解决悬索桥锚碇索股预应力锚固系统的耐久性问题，同时避免以往的无黏结预应力锚固系统油脂渗漏等问题，清云项目西江特大桥采用了新型的可更换挤压式成品索预应力锚固系统，该方案由预应力系统和主缆索股连接件系统构成。与常规预应力锚固系统相比，主缆索股连接件系统部分相同，都采用拉杆与连接器的结构，主要不同之处在于预应力系统，该方案的预应力系统采用钢绞线整束挤压式成品索，挤压式成品索在工厂内已加工好，运至现场直接吊装与张拉，方便现场安装和后续更换。此外，预应力孔道内可通过输送干空气的方法实现对索股内湿度的控制，确保成品索的安全运营环境；设置锚索应力监控系统，对锚固力实施监控，为后期运营养护提供数据支撑；同时为换索需要，锚体上留有更换锚固系统的预留孔，可采用临时索转换以实现锚固系统的更换。通过成套保障措施，大大提升了锚碇内索股锚固系统的耐久性。

此外在两岸锚碇、钢箱梁内设置6套干空气制备站，通过气管、阀门等结构将主缆、锚碇、鞍室、钢箱梁等连接成整体，通循环干空气，保证整个系统处于干燥环境中，提高结构的耐久性。

2. 钢箱梁主梁耐久性设计

清云项目西江特大桥主桥钢箱梁全宽38.4m（含风嘴、检修道），顶板宽30m，轴线处梁内净高3m，钢材材质Q345D。钢箱梁共划分8种类型、65个梁段。顶板共布置有44道300mm×280mm×8mm的U肋。顶板U肋长期承受车辆荷载，常规采用的单侧角焊缝会产生疲劳裂纹，部分裂纹从焊根处萌生沿角焊缝纵向扩展并延伸到U肋板上，部分裂纹从焊根处萌生往桥面板厚度方向扩展至桥面。因此，开发应用正交异性钢桥面板U肋内焊成套技术，改善正交异性板桥面的抗疲劳性能，降低桥梁寿命周期内的维护成本。正交异性钢桥面板U肋内焊如图3-4所示。

3. 缆索系统耐久性设计

清云项目西江特大桥主缆防护采用直径4mm"圆形钢丝缠丝+缠包带缠包"的新型防护体系,缠包带缠绕时需拉紧,并保持48%～52%的重叠率,加热融合后形成一个主缆保护套,具备厚度均匀、密封耐压、耐老化等优异的性能。主缆防护构造如图3-5所示。

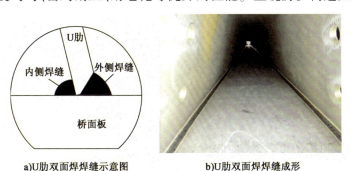

a) U肋双面焊焊缝示意图　　b) U肋双面焊焊缝成形

图3-4　正交异性钢桥面板U肋内焊

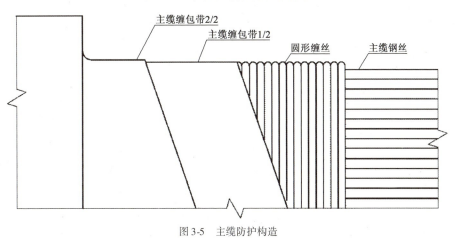

图3-5　主缆防护构造

4. 交通标线耐久性设计

为解决雨夜天气普通热熔标线无法反光、导致标线失去诱导功能等问题,仁博项目新博段一是采用全天候雨夜标线,通过增加超过2.4折射率陶瓷微晶珠,使标线在雨天夜晚水膜覆盖条件下仍能反光;二是采用自动化施划设备,通过恒温、匀速、玻璃珠双撒技术,有效控制玻璃珠撒播量、均匀性及嵌入度,从而保证玻璃珠与涂料有效黏结,确保耐久性,如图3-6、图3-7所示。

5. 海工高性能混凝土应用

东雷项目位于海洋环境,工程结构采用海工高性能混凝土。海工高性能混凝土系用常规原材料、常规工艺、掺加矿物掺合料及化学外加剂,经配合比优化而制作,在海洋环境中具有高抗氯离子扩散性、高抗裂性、高尺寸稳定性和良好工作性。海工环境的混凝土配合比需进行专项设计及实验,选用低水化热和低含碱量的水泥,避免使用早期强度较高的

水泥和高 C_3A 含量的水泥;选用高效减水剂(泵送剂),取用偏低的拌和水量;同时限制混凝土中胶凝材料的最低和最高用量,在满足单方混凝土中胶凝材料最低用量要求的前提下,尽可能降低胶凝材料中的硅酸盐水泥用量,且必须掺用粉煤灰、磨细矿渣等矿物掺合料。另外,还需通过适当引气提高混凝土的耐久性。

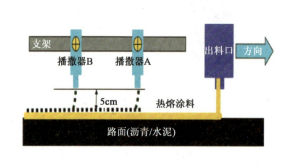

图 3-6　玻璃珠双撒技术

图 3-7　雨夜天气反光效果

6. 结构构造措施及裂缝控制措施

东雷项目位于海洋环境,在耐久性设计方面采取了结构构造措施和裂缝控制措施。

(1)结构构造措施

结构混凝土表面有利于排水,对于可能积海水的表面如承台表面做成 1% 的斜面;结构的施工缝和连接缝尽可能避开浪溅区和水变动区等不利的局部侵蚀环境以及可能发生较大拉力的部位。结构连接缝处的混凝土采取诸如硅烷表面浸渍等附加耐久性措施;混凝土保护层厚度从钢筋外缘而不是主筋外缘算起,保护层内不设置收缩、温度、分布、防裂等钢筋网片。混凝土保护层厚度允许偏差为 0 ~ +10mm。混凝土保护层最小厚度符合表 3-3 要求。

混凝土保护层最小厚度表(单位:mm)　　　　　表 3-3

结构类别	区　域	部　位	保护层厚度
箱梁	轻度盐雾区	预应力管道	70
		内侧、外侧钢筋	40
主塔	浪溅区	钢筋	60
	重度盐雾区		60
	轻度盐雾区		40
现浇墩身	浪溅区	钢筋	60
	重度盐雾区		60
	轻度盐雾区		40
承台	水位变化区、浪溅区	钢筋	90
钻孔桩	水下区、泥下区	钢筋	75

采用工厂定制的保护层定位块进行钢筋定位,保护层定位块采用水灰比不大于0.4的砂浆或细石混凝土制作,其形状采用渗透路径较长且易于固定的工字形或锥形,绑扎采用非金属材料,其尺寸及形状能够保证混凝土保护层厚度的准确性。封闭预应力筋金属锚具的后浇混凝土强度等级符合设计规定,一般不低于本体混凝土强度,净厚度不小于保护层厚度,并在其表面涂敷和覆盖防水、防腐材料。对于浇筑在混凝土中并部分暴露在外的吊环、紧固件、连接件等铁件与混凝土中的钢筋绝缘隔离,并采取严格的防腐蚀措施,以消除这类铁件的可能锈蚀对构件承载力的影响。

(2)裂缝控制措施

对于大体积混凝土,采取措施降低混凝土收缩和水化热。如降低胶凝材料用量,采用低水化热或者水化热均匀的胶凝材料;调整外加剂掺量,延长混凝土凝结时间,推迟混凝土水化热峰值出现时间;混凝土浇筑后尽可能推迟与海水和浪花接触时间(至少14d)。

7. 结构构件防护措施

(1)钢箱梁防护

东雷项目钢箱梁防腐涂装满足《公路桥梁钢结构防腐涂装技术条件》(JT/T 722—2008)的要求,设计中首选耐腐蚀寿命长的方案,项目业主通过专题研究或方案招标选择合适的防腐涂装方案。此外,钢箱梁内部设置除湿系统,通过除湿系统使钢箱梁内相对湿度小于45%。

(2)主塔的防护

东雷项目通明海特大桥主塔位于大气区,其主要通过采用海工高性能混凝土,以及通过保证中上塔柱混凝土净保护层不小于40mm,下塔柱混凝土净保护层不小于60mm来对主塔提供防护。

(3)钻孔灌注桩的防护

东雷项目钻孔灌注桩可通过适当增大钢筋保护层的厚度、采用钢护筒以及采用高性混凝土来进行防护。其中,永久钢护筒作为海中钻孔灌注桩的耐久性防护措施,其满足一定的技术要求;钢护筒顶伸入承台并采取可靠措施与承台连接,桩内任何钢筋不可接触钢护筒;桩顶以下9m范围内钢护筒在工厂或岸上制成一体,严禁在桩位现场焊接接长;水中及冲刷深度一定范围内的钢护筒外表面要求进行防腐涂装。

(4)承台的防护

东雷项目通明海特大桥海上承台位于水位变动区和浪溅区,其主要通过采用海工高性能混凝土、增加钢筋的混凝土保护层厚度至90mm以及承台混凝土采用疏水化合孔栓物。

（5）桥墩的防护

东雷项目通明海特大桥桥墩多位于浪溅区和大气区，其主要通过采用海工高性能混凝土、透水模板布以及在桥墩外表面采用硅烷浸渍等方式进行防护。

8.柔性基层沥青路面结构

仁博项目新博段路面主线试点采用"4cm SMA-13 + 6cm AC-20C + 12cm ATB-25 + 36cm 水稳基层 + 18cm 水稳底基层 + 15cm 级配碎石垫层"，有效防止反射裂缝，提高路面结构耐久性。

第四节　精细化设计

一、精细化设计理念

精细化设计是相对于常规设计的一个更高层次的设计理念，精细化设计摒弃了传统的设计模式，将具体明确的量化标准渗透到设计的各个环节，最基本的特征就是重过程、重细节。精细化设计，其核心在"精细"二字，"细"是精细化的必经途径，"精"是精细化的自然结果，不断提炼，精心筛选，从而找到解决问题的最佳答案，做到责任明确，宏观正确，措施准确，细节精确。精细化设计的基本特点表现在操作、设计的精细上，通过一些手段的实施，对存在的漏洞进行弥补，加强不同专业间的合作，最终实现设计质量的提升。

二、精细化设计方法

精细化设计是一种创新的设计理念，其核心在于"精细"，是"精"的设计观念和"细"的运作方式的有机融合的设计模式。基于系统化、规范化、科学化的原则，制定精细化设计的详细流程，通过对标准化、现代化、信息化、科学化方式的采用，确保涉及公路设计的不同领域。例如路线设计、结构设计、机电设计、交通安全设施设计等都能够在准确、科学、协调的状况下进行，从而使得公路设计水平得到很大程度的提高。

省南粤交通公司紧紧围绕勘察设计这一龙头，通过不断实践积累，形成了一套可复制、推广的设计管理经验。

（一）精细化设计管理

1. 借力无人机开展勘察设计

省南粤交通公司在勘察设计过程中注重使用先进科技，积极推广无人机技术在勘察设计过程中的应用。如河惠莞项目、怀阳项目等房建场区选址以及广中江项目、仁新项目、龙怀项目英怀段、云湛项目等房建勘察设计工作均借助无人机，开展现场踏勘、航拍等，大大提高了勘察设计效率和工作质量。

2. 高度重视地质调绘工作

省南粤交通公司在勘察工作中重视地质调绘，尤其是初步设计阶段，采用以地调为主，物探、钻探为辅，开展1∶10000比例大面积地质调绘工作，掌握项目区工程地质概况；施工图阶段沿项目走廊带补充开展了1∶2000比例地质调绘，进一步探明项目沿线不良地质分布情况。各阶段的地调工作均组织专项验收，确保勘察成果准确，切实加强地质选线。

3. 强化内审制度与创新评审模式

内审是业主与设计单位充分沟通交流的过程，也是通过设计来体现业主建设思想的过程。省南粤交通公司积极推行项目设计内审制度，通常在项目初测及定测路线方案基本确定后及时组织内审，不仅保证了路线线位稳定，还避免了下阶段由于验收或审查意见的调整造成地质钻孔浪费。同时，在各阶段设计过程中，项目也可根据需要对重点方案进行内审，以尽早明确方案。

在评审模式方面，为加强勘察设计评审成效，省南粤交通公司在评审会中引入以特邀专家和咨询专家组成的专家组模式，通过各专业分组讨论，让专家更了解工程实际，让设计意图得以更充分表达，通过这种面对面深入交流，解决设计过程中的多个重点难点问题，提高了会议质量，评审工作取得了实质性效果。此评审模式多次得到参会专家的肯定，认为省南粤交通公司"有想法，有办法，开了好头"。

4. 落实高填深挖路基"一坡一审"

省南粤交通公司强化落实高填深挖路基"一坡一审"制度。施工图阶段，在根据施工图审查意见完成平纵优化后，及时组织开展高填深挖路基边坡"一坡一图"工点图设计，并结合全线土石方、景观设置等统一要求，逐个工点进行评审，合理制定边坡坡率和防护方案。高填深挖边坡"一坡一审"审查模式为省内首创，其既保证了边坡安全，又减少了后续较大变更的发生。

5. 加强实地核查与专题分析

在定测阶段，设计单位细化了沿线桥梁、涵洞、隧道、支挡等构造物布置，并加强相关构造物的现场核查,并且对部分必要的构造物按1:500比例测量局部地形图,为进一步比选方案提供了翔实的基础数据;施工图阶段,待相关构造物优化调整后,省南粤交通公司和设计单位联合进行实地核查,进一步确保布设位置的合理性和准确性。

同时,为更好地开展设计工作,对于存在一定技术风险、工程难度较大、地质条件较为复杂的重难点工程,如隧道间距、特长隧道通风照明及防排水工程、高墩桥梁横隔板设置、典型地质灾害处理、长大纵坡、互通立交最小间距、绿色公路、品质工程、复杂地形环境的设计等问题,省南粤交通公司提早谋划,积极组织开展专题分析,并及时将分析成果用于设计,确保设计方案合理可行。

6. 交通工程与主体设计同步开展

为避免房建工程、景观绿化工程等与主体土建脱节,影响整体工程进度,省南粤交通公司要求房建工程、景观绿化工程与土建工程同步勘察、同步设计、同步招标,不仅理顺了设计流程,也提高了工程的施工质量,确保了施工进度。

(二)精细化设计决策

1. 总体及路线

(1)环保选线

在总体路线设计阶段,加强土地、资源、环境等因素的调查,结合环评、水保专项结论,尽量绕避自然保护区、生态严控区、水源保护区、森林公园等重要环境敏感点及高标准基本农田,严格贯彻落实《广东省环境保护条例》,按照省政府《关于进一步加强我省饮用水源保护区和生态严控区保护工作的会议纪要》和《广东省环境保护厅关于规范生态严格控制区管理工作的通知》的要求,加强路线方案比选。对于确需穿越饮用水源一级保护区和自然保护区,编制路线唯一性论证报告并及早申请功能区划调整;对于确需穿越饮用水源二级保护区和生态严控区,也需编制方案唯一性论证报告并适时组织环评、水保报告修编。

大丰华项目区分布有梅州市生态严控区,鸿图嶂、八乡山等4个市级自然保护区,丰顺县县级森林公园,五华县蕉州河一级水源保护区,三渡水水库及琴江淮水源保护区等诸多环境敏感点。设计结合相关意见深入研究,完全绕避了自然保护区及一级水源保护区,并以特长隧道穿越了森林公园及生态严控区,同时在项目前期分别开展了特长隧道穿越生态严控区、毗邻自然保护区以及路线穿越准水源保护区的唯一性论证分析,并在相关区域采用了多项环保措施,如图3-8所示。

清云高速K14+000~K16+000路段,通过减小路线半径,将线位右移,减少对养殖基地的影响,如图3-9所示。

图 3-8　大丰华高速公路鸿图嶂隧道段路线比选

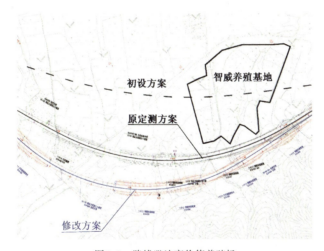

图 3-9　路线避让高价值养殖场

(2) 地质选线

地质选线在勘察设计中尤为重要,特别是在山区公路建设过程中,不良地质在所难免,路线总体设计要"对自然心存敬畏",要"趋利避害",改变"先有路线、再做地勘"和"过于依赖钻探"的做法。前置性开展地质工作,由宏观至微观,再以此开展地质选线,优先绕避大型不良地质,并加强项目区中小型不良地质处理。

连英项目广泛分布砂岩、粉砂岩、泥岩、页岩等碎屑、岩溶较发育,线路选址时尽可能避绕了大型滑坡、崩塌区域和活动断裂带等不良地质;对于岩溶路基处治,根据勘察地质资料,针对路段存在不同的岩溶形式,采用了封堵(注浆、开挖回填片石等)、疏导、跨越(桥梁或盖板跨越等)措施进行处治。

(3) 征拆选线

省南粤交通公司在总体路线设计阶段特别重视外业调查，注意掌握沿线重要地物、工矿、厂房、学校、文物、祖坟、宗祠、庙宇、高压线路、重要管线以及其他大型构造物分布情况，充分评估拆迁难度及费用，征询沿线村镇及有关主管部门意见，合理选择拆迁或绕避方案。

清云项目为避让800kV高压塔，取消了清蓄隧道，将分离式路基调整为整体式路基，降低了工程规模；为避智威畜牧水产有限公司养殖基地，以右侧自来水厂和北坑水库为控制，减小半径至830m，将线位右移，与养殖场距离增加至65m，以减小干扰；另外，带下村路段初设路线方案从带下村前通过，造成带下村拆迁数量较大、占用良田较多，施工图阶段将这一段落线位整体向左侧进行偏移，结合Y371局部改路的方案，将路线调整为从带下村后山坡通过，避免了带下村的拆迁，如图3-10所示。

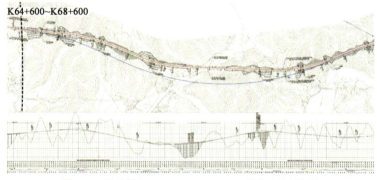

图3-10 清云高速K64+600~K68+600路段路线方案图

(4) 合理控制桥隧规模

综合考虑地方规划意见、地形地貌、路网水系分布情况、路基填挖高度、土石方调配情况等，按照"宜桥则桥，宜隧则隧"原则，合理控制桥隧规模。

新博项目九连山隧道长度为5620m，施工图阶段对九连山隧道段平纵面进行优化，抬高隧道进口端高程，减短隧道长度，同时左线略向右偏移，防止偏压，隧道长度较初步设计减短140m，如图3-11所示。

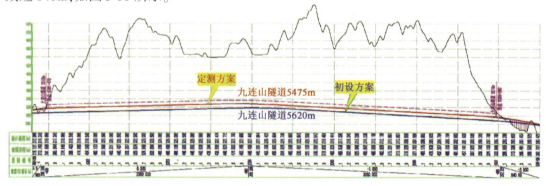

图3-11 九连山隧道段纵断面调整

（5）精细化路线设计

本着"最少的破坏就是最大限度的保护"的设计理念，多次进行路线优化设计，通过适当调整路线平纵面以及平纵组合设计，使路线进一步贴合地形地物，线形更顺畅，行车更安全，有效降低工程规模，减少对环境的破坏。例如连英项目金门特长隧道段，初设方案采用了较长的分离式路基（约1.8km），且隧道竖井位置位于地势较为低洼的地形（该区域为灰岩溶洞发育路段），同时需建设一座中桥及一座大桥。施工图阶段从减少分离式路基占地，减少不良水文地质对隧道的影响以及减少桥梁规模等多因素考虑，对初设方案进行了优化设计：缩短分线长度800m，将金门隧道进口段净距优化至22m，减少占地，并减小了隧道右洞洞口处对右侧崩塌坡积体的影响，同时取消了进口段两座桥梁，降低工程规模，并为隧道提供了施工场地；隧道中段也改善了溶蚀区处理难度，有利于竖井设置及施工安全；另外隧道出口段也增大平曲线半径，提高行车安全性。

同时，项目加强路线安全设计，通过路线安全性评价分析，对长大纵坡路段、视距不良路段等进行优化调整，部分路段如线形确实难以改善，则通过加宽路基或加强交安设施等改善，必要时设置避险车道或爬坡车道。

（6）高填深挖及土石方平衡设计

路线平纵横设计充分体现与地形的结合，合理用平曲线及竖曲线指标，不宜追求过高指标，尽量减少高填深挖路基并兼顾合理运距范围内土石方调配平衡。当高填深挖边坡较高时，根据总体设计原则，充分考虑占地规模、自然环境的协调性、地形的适性、土石方情况及工程造价等，加强高路堤与高架桥、深挖高边坡与隧道的综合经济比选，择优选取，宜桥则桥，宜隧则隧。同时，施工图设计阶段进一步细化纵断面设计，考虑清表土回填后，宜有适量弃方；如弃方过多时也结合路段排水、高填反压等功能需求，充分消化弃方，减少弃土场设置。

如河惠莞项目在施工图设计审查时，全线弃方总量达741万 m^3，其中A1设计合同段路线长39.15km，弃方279.8万 m^3，平均弃方7.15万 m^3 每公里。修编过程中通过优化纵面，A1设计合同段共计减少弃方119.6万 m^3，大幅减少了路基土石方及弃土场的设置规模，进一步降低了工程造价，如图3-12所示。

2. 路基与排水

在充分吸收省内山区高速公路路基填筑的经验和教训基础上，结合项目自身特点，重点对高填（陡）路基、高填深挖边坡、软基、排水等进行精细化控制，艺术性处理不可避免的高填（深挖）与景观关系，达到既满足路基本身功能要求，又达到生态、环保的目的。

（1）路基优化设计

根据地质调绘的专项验收意见全面掌握沿线地质情况，特别是不良地质及特殊路基分布情况;结合高边坡专项咨询意见开展"一坡一审",并优化高边坡设计;根据局部特殊工点所开展的专项研究结论,完善施工图细部设计;结合所开展的专题指导具体方案等。

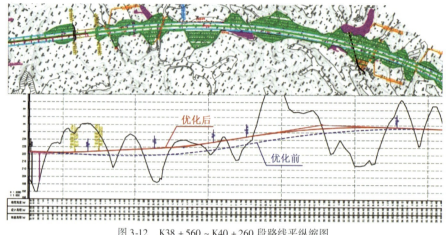

图 3-12　K38+560~K40+260 段路线平纵缩图

(2)高填(陡)路基设计

加强高填路基整体稳定性和沉降验算分析,对于欠稳定高填路基,结合路段地形以及取弃土情况,可针对性设置宽平台或反压护道;对于欠稳定高陡路基,可通过设置大台阶、反压、加强排水等措施提高路基整体稳定性,并做好台阶开挖。结合路段地下水、自然沟渠分布等情况,做好红线范围内基底排水和路基外临时截排水措施。同时重视填料选择,在有条件路段,高填路基下部优先采用强风化挖方土石料或石料进行填筑。合理分层填筑高填路基,做好正常压实和补强压实的工序安排,确保压实质量。切实做好施工组织设计,高填路段作为路基工程控制性工点,尽早填筑,以延长其自身沉降期,减少工后沉降。规范高填路基施工工序,加强各环节施工质量检验、监督,做好高填路基典型断面的沉降及位移监测,并根据监测情况动态指导施工。

(3)深挖边坡设计

在设计过程中,为合理确定边坡合理防护形式,除进行常规整体稳定性计算分析外,还加强了临近高速、地方道路的工程地质类比。重视并合理制定边坡施工工序和施工方法,并严格按要求进行边坡开挖。同时考虑到设计勘察难以在施工前全面揭示边坡的真实地质情况,故设计与施工必须紧密配合,结合施工反馈信息,及时调整设计方案,加强高边坡动态设计。此外,对高危边坡、不良地质边坡,对边坡监测系统进行专项设计。

(4)软土地基处理

软土地基处理,要在勘察及试验资料的基础上判别软土特性、埋深及厚度,并结合技术经济指标、项目工期及施工质量控制等条件,有针对性地制定处理方案及处理范围。软基处理优先采用换填、袋装砂井超载预压、水泥粉喷桩、管桩等常规处理方案。同时加强软基沉降观测工作,做好施工全过程动态监管。

(5)路基排水设计

广东省为多雨潮湿地区,项目在区域内原状排水系统及汇水区域的调查的基础上,完善公路排水系统,做好排水总体方案,结合沿线水文、气象、降雨量等,进一步核查路段排水方案;排水方案设计时,充分贯彻了国家绿色设计理念,尽可能采用生态型水沟,既有利于防止水土流失,工程造价更为经济合理,同时公路周边景观与自然更和谐,融为一体;此外,加强高速公路排水系统与地方沟渠、灌溉系统的接顺和完善,最大限度地减少了水毁对公路和周边农田的影响,如图3-13所示。

图3-13 生态排水沟试验和设计图

(6)路域景观带打造

结合景观设计的总体规划,在总体设计基础上,对项目沿线路基填筑范围,进行公路两侧景观再造,通过路侧景观林打造,有效遮掩不可避免的高填、深挖路段,达到与自然协调一体。如河惠莞项目在路基设计中结合全线路基填挖及弃方情况加强了公路景观设计,在不额外增加公路用地的情况下设置公路路侧景观带。对设置有路侧景观路段,特别是在景观要求较高的浅挖路段坡脚设置了矮挡墙,用以扩大碎落台宽度作为景观带,并针对局部路段的挡墙进行景观美化设计,如图3-14、图3-15所示。

图3-14 石笼景观墙

图3-15 景观矮脚墙

多个项目从隧道洞门的形式、景观装饰手法等方面入手,开展了隧道洞门景观的专项设计,采用了构筑物式隧道洞口景观形式,以构筑物为主体,对洞口起到一定的遮蔽、削弱的作用,进一步提高了行车交通安全及舒适性,如图3-16所示。

图3-16　龙连高速公路粗石山隧道洞顶的蓝天白云设计

(7) 路侧填平区设计

结合全线土石方情况,针对高填(陡)路基、互通区等路段,综合考虑路基稳定性和景观打造需要,合理设置路侧填平区,既有效降低了弃方,又保证了路基稳定性,美化了路侧景观。

(8) 取、弃土场设计

紧密结合路基的填挖情况、借方与弃方情况,以及沿线地形地物情况,就近处理。为减少取弃土场可能产生的次生灾害,项目要求设计加强了取、弃土场稳定性验算、评价和加固工作。

(9) 便道方案专项设计

各项目施工图阶段要求设计单位不能简单以图面距离来估算施工便道(桥)工程数量,而结合现状地形地貌,进行周边可通行道路调研后,对施工便道(桥)开展专项设计。充分考虑一些高差较大难以贯通的区域,进一步深化细化临时工程设置,保证临时工程的造价准确性,也在后续现场管理中提供支撑依据,减少不必要的工程变更。

3. 桥梁与涵洞

(1) 常规桥梁

充分运用标准化设计成果,精细化特殊结构设计。设计标准化不等于完全一刀切,对于常规上部结构设计,充分用设计标准化成果;对于桥梁下部结构,则结合地形和施工标段内情况,有效整合下部结构类型和尺寸。例如,根据施工标段划分情况,合理选用并尽量规整桥梁上、下部结构类型和尺寸,利于预制场规划及模板统一。结合项目特点,尽量减少支座型号,避免支座送检、安装等环节出现错漏;同时,综合考虑桥梁上部构造的梁长控制,合理控制不同梁长的尺寸类型。

设计过程中进行精细化布跨。由于山区路段施工的交通运输条件较为困难,桥梁方案的选择充分考虑建筑材料、施工设备进出场的可行性,综合施工方案及预制梁场的规模、大小以及预制梁的安装和运输条件。同时尽量避免桥梁墩台布设在陡坎上,确保施工的可行性以及桥梁、桥下边坡的稳定性。

在路线设计方面注重桥路衔接配合。当桥梁位于平曲线上时,根据曲率大小,一般设置为曲线桥、折线桥或直线桥。桥面纵坡一般服从路线纵面设计,尽量避免桥梁位于凹形竖曲线上,保证桥面排水通畅。

空心薄壁墩横隔板进行精细化优化设计。通过对不同墩高、不同壁厚空心薄壁墩的稳定性分析,研究确定空心薄壁墩横隔板对高墩稳定性和极限位移的贡献小于5%,不设置横隔板亦可满足稳定要求,横隔板的取消大大节约了施工工期。

加强预制梁在匝道桥的灵活运用。通过研究分析预制梁在匝道桥运用中的各种影响因素,细化了不同跨径预制梁与不同曲线半径的适用情况。增加了预制结构在匝道弯桥的运用,如表3-4所示。

预制梁在匝道桥的运用   表3-4

跨径 L(m)		20	25	30
曲线半径(m)	8m 桥宽	≥150	≥250	≥350
	10m 桥宽	≥150		

山区公路广泛用环保型桥台。山区高速公路不可避免出现桥台处挖方,通过专题研究,轻型U台的运用,能有效减小桥台处挖方,即减小了工程量,又大大保护了自然景观。

设计中充分结合地形特点,适当加大桥梁跨径。对于跨越地形陡峭的沟谷路段桥梁,预制结构跨径下部墩柱较多,部分桥墩落在陡峭的山坡上,施工过程中开挖便道易产生大量高边坡,设计时着重考虑地形,适当设置大跨径桥梁,以尽可能避免桥下高边坡出现,避免破坏环境和留下安全隐患。对于跨越公路、航道的桥梁方案除满足通行、通航、泄洪等相关要求以外,还充分研究了车辆或船舶撞击概率和撞击力,并加强桥墩防撞设施设计。

设计过程中还充分考虑桥梁桩基施工的临时防护,并合理计列相关费用。山区高速公路桥台较多设置在挖方路段,在设计阶段充分考虑了桥梁桩基施工时的临时边坡防护,并计列防护费用,避免后期较大变更。

(2)特殊桥梁

特大桥路线设计服从于桥位和桥型,线形保持舒展、流畅、起伏有致,尽量与江河、所跨越地方道路或铁路正交,同时结合自然环境、人文环境及水利和通航要求,贯彻"安全、环保、舒适、和谐"的总体设计理念,使桥梁充分融入自然环境,或处理成环境的主体。

设计过程中充分考虑现场施工条件,合理选择结构。如河惠莞项目初步设计紫金2号大桥桥梁全长788m,采用(33＋2×55＋33)m变截面预应力连续刚构的跨径组合跨越省道S242。施工图设计阶段考虑到该桥桥墩较高,箱梁现浇段施工难度大,且55m跨径偏小,悬浇段数量有限,难以体现悬浇施工优势,通过业主组织设计单位与地方交通主管部门积极协调,将其调整为(4×40)m装配式预应力T梁,优化后减少工程造价约为1345万元。

对于跨越既有公路、铁路时,桥梁方案的选择充分考虑其施工的可实施性,尽量减小甚至避免对既有道路通行的影响。桥梁的设计、施工方案与被交路的权属单位进行充分协商并达成一致意见。上跨主线的天桥,充分考虑保障高速公路通视及满足远期高速公路拓宽扩建可能的要求,并尽可能与高速公路正交。桥型选择既要考虑设计标准化,又注重造型美观,结构轻巧,线条简洁,与周围景观的协调。

特大、大跨径桥梁受特殊地形、地质、河流、人文景观影响或控制时,对桥型设计方案进行了专题研究。跨越较宽、较深河流或山谷时,一般采用预应力混凝土连续刚构或连续梁桥,但尽量控制跨径。同一项目以及同一标段中的大跨径桥梁结构形式进行了统一规划,在满足结构功能、跨越条件的前提下统筹考虑景观的协调性,施工方案的匹配及施工设备的充分利用。枫树坝水库单索面混凝土梁斜拉桥桥型布置如图3-17所示。

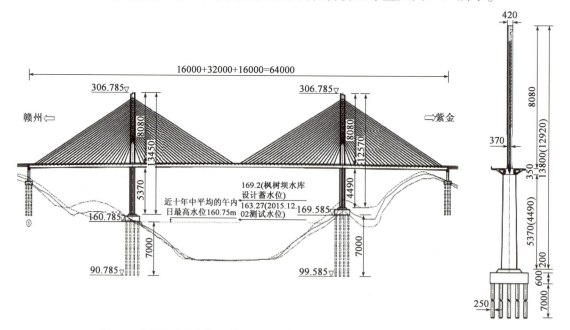

图3-17 枫树坝水库单索面混凝土梁斜拉桥桥型布置(尺寸单位:cm;高程单位:m)

在设计过程中通过精细化设计,合理选择涵洞基础形式。涵洞(通道)参考图中,对于 4m 以上均采用整体式基础,现场实施中,充分结合涵洞基础对地基承载力要求,合理选择涵洞(通道)基础形式。对于位于基础条件较好路段,则选择分离式基础;对于基础承载力要求较高路段,则采用整体式基础,有效降低了基础处理费用。

4. 隧道

充分结合地质地形因素、社会文化因素、经济环境因素等进行隧道选线设计,遵循"早进晚出""零开挖"理念。对于长大隧道,在基本符合路线走向的前提下,隧道可控制局部线位;对于中短隧道,原则上服从路线布设要求,在沿河傍山地段,向山侧内移,避免河流冲刷和不良地质对隧道的影响。

加强隧道地勘工作。在勘察设计过程中注重加强隧道地质勘察工作,尤其是地质调绘工作,详细调查并判别隧道路段断层分布情况;加大水文地质资料地收集和调查,结合断层分布情况,分析预判隧道涌水段及涌水量;根据地质钻孔等资料进一步落实和细化围岩等级并确定合理的支护参数。

精细化隧道洞口设计。隧道洞门是公路景观的重要元素,合理的洞门设计既可以减少工程造价,还能让驾乘人员体会到路、隧、景三合一的视觉效果,减少行驶过程的突兀感。为此,省南粤交通公司提出洞门设计时必须在 1∶500 地形图基础上细化隧道洞口设计,尽量与山体正交,避免顺山坡边上通过且平行边坡,以防浅埋偏压造成不必要的工程费用投入;同时,尽量采用零开挖控制,严格控制洞口挖方,并使洞门与山体环境相匹配;条件容许时,洞门优先选用削竹式或明洞环框式等和景观更融合协调的形式。龙连项目李田隧道洞口设计如图 3-18 所示。

图 3-18 龙连项目李田隧道

佳龙嶂隧道出口正处于路线傍山布置地段,右侧单侧山体高,另侧景观好,且左右洞门有一定距离,采用小棚洞构造恰好能融入自然地形,如图3-19所示。

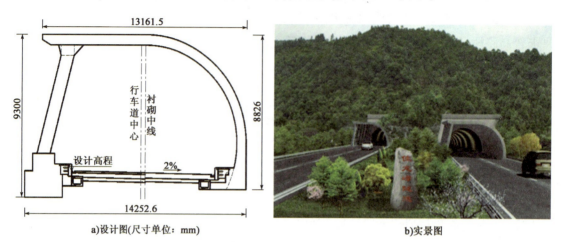

图3-19 佳龙嶂隧道洞门

加强隧道工程动态设计。隧道工程属地下隐蔽性工程,须充分考虑地质和水文条件的不确定性及复杂性,常受断层、破碎带、软弱结构面、瓦斯、严重风化层、高初始力区、地下水突出、可溶岩溶洞等特殊地质影响,设计阶段充分利用地调、钻孔等勘察成果,有效指导设计;施工阶段加强地质情况比对,及时调整设计。

桥隧相接设计。针对桥隧相接问题,在设计时,桥梁、路基与隧道专业相互配合,统筹考虑构筑物的设置形式以及起讫桩号。条件允许、洞外有足够的空间施作桥台时,尽量采用桥台布置于隧道外形式,使洞门既不受到桥梁的静荷载和动荷载,又能使桥梁不受山体的水平推力,从而达到桥隧连接工程的安全可靠的目的。

隧道弃渣利用。在总体设计阶段,结合标段内土石方和隧道岩样地质情况,合理统筹隧道弃渣,经充分论证后,隧道弃渣不得随意改变其用途,避免总体土石方失衡。对于隧道弃渣用于路基土方施工,施工前要向施工各方讲解弃渣用于路基施工位置、范围及调配方案,以免施工现场出现"就近取""就近弃"现象,完全违背设计意图,造成不必要的土方管理失衡。

5. 互通立交及沿线服务设施

综合考虑自然环境、社会环境和历史文化环境进行互通立交及沿线服务设施设计,根据总体设计原则及土石方情况,一般选取在平坦开阔、地质条件较稳定、拆迁较少、生态破坏低且易施工的地点,尽量避开不良地质带和陡峻地形,减少大填大挖。

根据远景年转换交通量,进一步确定匝道、连接线的标准及相关线形指标,在满足交通转换基本功能及运行安全的前提下尽量控制立交规模,严格控制用地指标。结合进出口段主线平纵线形,综合分析确定互通立交匝道平纵线形,确保车辆加减速运行安全。施工图设计时,结合互通内排水、土石方情况等,统筹规划互通景观设计。互通立交占地范围较大,对原有地形改变较多,核查立交范围综合,确保排水顺畅。

清云项目为避太平养猪场,路线增设6°55′小偏角,将线位尽量右移,同时将太平互通设置为B形单喇叭,向小桩号偏移,减少对太平养猪场的拆迁;江谷互通区主线向右侧偏移,以减少左侧村庄的拆迁,同时将互通往小桩号侧平移,让出了排水通道。

6. 景观设计

按照"抓点、延线、扩面"的工作思路,以美学手法打造高标准的精品点、景观线,强化路基、桥梁、隧道、互通立交、服务区、绿化、路面、交安设施以及临建设施、取弃土场等路域景观提升措施,在沿线路侧、互通立交、隧道洞口、服务区、停车区、收费站区等公众出行视线可及的范围,提升景观质量,强化生态功能,加快推进公路绿化美化生态化,打造绿色长廊、景观长廊、生态长廊,推动公路景观模式向更高层次发展,为公众提供更加舒心的出行环境,展现现代公路新面貌。

绿化及景观设计进行统一规划,但统一中求变化、变化中再达统一。绿化及景观设计坚持"原景原生态"的设计原则,提倡"本土文化和原生态之美",采用自然的、渐近的、连续的方法来选择、利用和营造景观,体现本土特色。绿化及景观设计首先保证不影响公路行车安全,坚持"生态安全"原则,营造自然的植物群落景观。充分挖掘与利用人文景观,使得自然景观和人文景观交相辉映,在提高路域景观品位的同时,增强景观的地域识别特征,构建与区域建筑风格和区域文化相融的公路景观。填挖方边坡结合岩土特性及外部空间特征进行绿化和景观设计,植被选择考虑种植与养护对边坡的影响,考虑遮挡景观不良区域,透露优美的自然景观,展现项目区域植物多样性并兼顾生态修复、空气净化等。

7. 超限检测站设计

以往超限检测站的建设往往与主体工程的建设不同期,部分甚至在项目通车后才启动设计工作。超限检测站的延期实施往往造成主体工程设计变更多、工程进度滞后,且超限检测站场址的征拆工作难以推进。因此,超限检测站的建设提前启动,并与主体工程同步进行。

河惠莞项目省界超限检测站在初步设计阶段即纳入设计范围,并得到了省厅的批复,过程中与省厅执法局、地方执法局多次沟通,其与主体工程同期开展选址、方案和施工图设计工作,确保治超站与主线工程同步设计、同步评审、同步开工、同步建成,其模式开创了广东省高速公路超限检测站建设的先例。

8. 机电工程与外供电

落实集成化设计理念,开展机电工程系统设计工作。包括:整体式互联网数据中心(Internet Data Center,IDC)机房、整体式智慧收费亭、监控一体化软件等,实现机电设备快速整体部署,工程产品化、智能化、节能环保等特点更为凸显。

提前开展外供电工程设计施工。通过采用"永临结合"(路段运营永久用电与施工临时用电相结合)的供电模式,提前开展部分隧道及房建场区外供电工程设计施工(纳入主体工程同步招标),实现了永久用电服务于工程施工需要,避免了电力资源的重复投资,取得了较好的经济效益和社会效益。

第五节　标准化设计

一、省标准化设计应用

随着高速公路的不断发展,公路行业新的标准规范在汽车荷载标准、温度作用、耐久性要求、材料、钢筋最小配筋率等方面有了明显的变化,特别是汽车荷载标准、结构耐久性要求和钢筋最小配筋率要求的明显提高,原有的公路标准图难以满足现行规范要求。另一方面,不同设计单位、不同地区之间、新、老规范之间,在路基宽度、荷载标准、设计安全等级、设计理论以及构件验算内容等方面存在着较大差异。

广东省交通运输厅于2011年首次系统地提出设计标准化理念,全面开展高速公路设计标准化相关专题研究,结合新材料、新工艺、新技术、新理念的发展需求,广东省编制了适用于当前高速公路建设的设计标准图,建立了系统的高速公路设计标准图体系。与以往不同,本次设计标准化除了对装配式预应力箱梁、T梁、空心板等构造,以及现浇梁、涵洞等构造开展标准图编制外,还针对桥梁的下部结构、桥梁公用构造、隧道工程、路基、收费广场等以前未开展过标准图编制的结构物,开展了标准化的编制工作,并编制了参考图。本次设计标准图体系由通用图和参考图组成,通用图是满足广东省大部分区域和工程环境条件,技术先进成熟,代表性构件经足尺试验验证安全可靠,并经广东省交通运输厅组织审查批准,具备在全省推广用价值的设计图;参考图是指针对广东省部分区域、一定适用条件的设计图,是施工图设计的中间成果,通常和通用图配套使用,供施工图设计参考使用。

省南粤交通公司所属各项目积极落实广东省设计标准化,为设计质量奠定良好的基础,同时也为施工标准化、工厂化生产、装配式施工提供了先决条件。设计阶段充分贯彻标准化和装配化设计施工理念,对沿线互通立交小半径匝道桥开展了现浇改预制的专题研究和设计优化用,最大程度实现集约化生产,有效控制了工程造价,降低了施工安全风险,确保了施工工期。贯彻设计标准化过程中,深化标准化施工的考虑,组织行业内设计、施工、咨询专家开展了施工图方案内审,合理归并减少桩基、墩柱、盖梁、预制梁板种类,起到了减少施工配套设施种类(冲击钻锤、钢模板等),降低施工成本,增强全线桥梁总体外观协调统一性的良好效果。房建工程在设计阶段充分落实省南粤交通公司标准化设计有关要求,建筑外立面设计元素充分展现了具有南粤文化特色的新中式建筑风格,并在部分房建主体设计中将当地民族文化元素融入设计,合理运用色彩和图案搭配,突出体现当地民族文化风貌和特点。

二、南粤标准化设计

在充分运用省标准化成果基础上,结合已有高速公路建设经验,不断总结和提升,在桩基标准化、路基标准化、房建标准化方面进行积极探索,丰富和完善了广东省标准化设计体系,促进了施工标准化,为工程实体质量提升奠定基础。

(一)桩基标准化设计

钻孔灌注桩基础承载力高、沉降变形小、制作灵活方便,目前桥梁工程中多采用钻孔灌注桩基础。由于以往存在"重上部、轻基础"的惯性认识,对其精细化设计重视不够,加之岩土参数的离散性较大,成孔工艺(特别是护壁泥浆夹层)对桩基承载力影响较大,桩基设计往往比较保守,且不同设计单位或设计人员在诸如桩数、桩径、桩长、配筋率、嵌岩深度等设计参数的选取方面差异较大。桥梁桩基础一般情况下工程量大,过度保守将导致不同程度的浪费,同时设计参数的选取对工程质量也有较大的影响。因此,桩基标准化设计对提高桩基础的经济性、保证工程质量具有积极的意义。为进一步提高桩基经济性、保证工程质量,省南粤交通公司对桩径、桩长、配筋率、半筋段长度、嵌岩深度、钢筋构造等关键设计参数进行标准化,并编制相应软件方便标准化的实施,以进一步完善广东省高速公路标准化设计工作。

(1)岩土力学参数合理取值

对广东省桩基设计岩土力学参数进行分析,分粤西、粤东、粤北和珠三角区域考虑岩土力学参数的合理取值,在对大量样本资料进行统计分析的基础上,结合规范提供的岩土力学参数,形成了广东省岩土力学参数建议值。该建议值减小了规范值取值区间,且大部分的下限值略有增大,降低了规范的岩土力学参数的离散性,提高了桩基设计的统一性。

(2)桩基标准化设计

结合国内外桩基计算理论,分析验证我国桩基承载力计算方法的实用性,系统对桩基的合理桩径模数、桩长、嵌岩深度、合理配筋等基本设计参数进行了标准化。

(3) 桥梁桩基标准化软件

桥梁桩基标准化设计软件具备桩基计算和绘图的功能。软件包含地质资料及参数输入、钻孔柱状图的引用、群桩内力分配及桩基配筋计算、标准格式的桩基设计出图等，实现桩基计算、绘图一体化。软件可提供岩土柱状图及参数接口、设计出图标准化接口；为单排桩、群桩提供简洁快速、方便实用的标准化设计工具，为桩基精细化设计提供有力保证。主要功能模块包括：单桩计算模块、群桩计算模块、桩基绘图模块。

桩基标准化软件纳入了桩基标准化成果，可实现典型地质柱状图读取、广东省岩土力学参数取值建议、合理桩径模数选择、桩基配筋计算和截断位置计算等功能。同时开发桩基标准化设计的手机 App 应用程序，融合设计标准化成果，实现单桩桩长计算及图形显示、地质信息导入和编辑、截断位置计算、配筋计算等功能。

（二）路基标准化设计

路基工程主要表现为路基断面形式、边坡工程与防护形式、防排水方式等，路基设计应以地形、地质为基础，顺应地形，适应地质。以往路基设计中设计与地质常出现"两张皮"现象，路基断面千篇一律、千人一面的呆板、单调的断面形式，不能很好地适应自然环境及现代设计理念对高速公路的要求。开展路基标准化设计工作，有利于项目路基设计深度把握，从而在源头上保证路基设计的质量，便于路基设计文件程序、方式、方法的统一；能够有效规范路基设计环节，避免诸多路基设计环节的人为因素和资源的浪费，提高工作效率；能够简化施工管理，保证施工质量，提高施工效率，节约施工成本；能够提高路基安全性和耐久性，延长工程的使用寿命，有利于路基设计方案更加经济、合理。

路基设计应灵活、自然，因地制宜，不宜采用单一坡度，力争减少人工痕迹，并经数年的生态恢复，使边坡外形与周围环境融为一体，没有明显的边坡开挖(回填)痕迹。

（1）路基勘察应避免出现基础资料收集不足、路基设计与总体设计缺乏呼应与反馈的问题，需规范和标准化初测、初步设计阶段、定测、施工图设计阶段阶段的作业程序，提供翔实设计基础资料。

（2）路堤高度的确定应结合现场具体情况，综合考虑路线总体、公路线形标准、沿线地形、地物、地质条件、地下水位及沿线构造物布局、路基强度及稳定性要求、路基设计洪水位及波浪高度和壅水高度等因素比选后确定。

（3）路基边坡坡率的大小取决于边坡的土质或岩石的性质、地质构造和水文地质条件、边坡高度等因素，低路堤边坡坡率应尽可能缓，以利绿化和路侧安全；互通式立交区内侧边坡可根据人造地形的要求设置。

（4）防护工程是山岭区常见的结构物，应尽量避免高大的圬工混凝土或浆砌工程，尽可能采用生态防护系统。在确保岩土结构稳定的前提下，选择刚性结构与生态防护系统相结合,多层防护与生态植被防护相结合。

(5)取、弃土设计应避免调查不周密,缺乏相关协议等。取土场的确定,应根据所需土方量,选择数个取土场供比较和备用,并对每个备用取土场的地形、土质、可用土方量、运土路线、补偿关系、周围环境、土地利用等因素进行详细的调查研究,选出最佳取土场。弃土场应采用大比例尺地形图进行设计,设计内容应包括弃土场地基处治、压实标准及方法、排水、支挡防护及复垦等。

(6)路基排水工程应系统完善,应充分认识多数工程病害的产生原因均与水的作用有关。有条件时应将排水工程设置在视线之外,排水工程的外观应流畅美观,排水工程是否采用防护及如何防护应根据路基冲刷情况针对性设计。

(三)房建标准化设计

为加强高速公路房建设计质量管理,省南粤交通公司对包括服务、管理、收费、养护、交警营房和超限检测站等房建设施进行了标准化设计,对各建筑单体建筑立面方案、场区规划布局、建筑平面布局、绿色节能设计等方面进行公司层面的标准统一。房建设施标准化设计主要坚持"南粤公司特色为主,以地方地域特色为辅"的原则,形成南粤公司统一的建筑风格,同时统筹考虑项目所在地域的建筑文化特点和现代公共建筑的使用要求,打造出高速公路沿线设施的精品工程。其中,服务设施强调"以人为本"的设计理念,坚持"统筹规划、合理布局,保证功能、准确定位,强化管理、科学发展"的原则,考虑服务设施总需求,合理确定服务设施间距、选址以及单点规模,有计划、分步骤地建设实施。管理设施设计总体布局遵循便于使用、整体有序、功能分区合理的原则,以尊重自然、生态优先为出发点,合理安排室内外平面功能,避免用地浪费,服从自然环境的整体要求,创造人与自然交流的平台。收费设施设计要合理利用地形,布局紧凑,功能分区明确,站房与收费广场布局合理。养护基地覆盖范围按照每个综合养护基地覆盖80～120km的范围,每个日常养护工区覆盖40～50km的范围的标准规划建设,养护设施总平面要合理利用地形,布局紧凑,节约用地。

1.建筑立面方案

建筑立面方案主要遵循"南粤公司特色为主,地方地域特色为辅"的原则,实现公司企业文化、岭南建筑文化、现代建筑理念等在高速公路房建场区和建筑单体的有效融合。

(1)统一建筑风格。按照"经济、实用、美观"的要求,结合广东地区整体气候情况、建筑文化特点以及现代公共建筑的使用要求等,总体选取新中式的建筑风格。通过中式建筑元素和现代建筑手法的结合运用,展现简洁大方的立面造型,突出强化了建筑形式、色彩、质感的统一,增强了建筑的识别性和个性。

(2)突出公司企业文化载体元素的应用,强化企业商标(LOGO)与建筑一体化设计。

公司以"红棉"作为高速公路营运服务品牌,以红棉花标志作为企业 LOGO 标识,象征了温馨、美观、安全、畅顺的品牌内涵。在设计工作中,通过提取"红棉"品牌文化,将红色线脚压顶、白墙、木构装饰三大元素融入建筑方案中;此外,将上述元素与建筑景观小品相结合,采用一系列辅助性抽象的品牌图案,增强驾乘人员对南粤品牌的视觉印象,彰显南粤公司文化及建筑本身的标志性。

(3)适当加强岭南建筑地域性文脉符号的提炼。结合项目途经的地域特点,加强广府建筑(粤中、粤西)、客家建筑(粤北、粤东)、福佬建筑(琼雷)、潮汕建筑(粤东)与项目房建工程建筑设计的结合,实现地域文化的再创造。

(4)满足现代公共建筑的使用要求。综合考虑后续营运管理使用需求、空间组合以及景观性等角度,做到安全适用、经济合理、保护环境。

2. 场区总平面布局方案

(1)场区规模指标

公司层面制定了《建设项目服务管理设施选址工作细则》,在场区规划布局工作开展之前,要求司属各项目以《建设项目服务管理设施选址工作细则》为指导,开展各房建场区选址,后续针对既定的房建场区,开展场区总平面规划布局;与此同时,公司层面亦相应明确了各场区规模指标的指导意见。一般而言,管理、养护、收费、交警营房和超限检测站等用地指标按建筑用地 25%,道路、广场、停车场用地 30%,活动用地 15%,绿化用地 30% 控制。

(2)因地制宜合理开展场区规划

项目设计单位依据实际地形地貌,同时兼顾生态、实用、景观等原则进行房建场地总平面规划。通过组织土建、房建、机电、交安、景观绿化等专业设计单位,对场区周边空间环境、道路交通、水文地质、风向日照、生态植被进行详细勘察,合理设置场区基准高程线,减少深挖高填土方工程;而后清晰界定各功能分区,合理处理办公、餐饮、住宿、生活休闲等关系,并根据区划布置各类建筑、道路、运动场所、休闲生活景区等。

在管理中心、集中住宿区等管理设施规划布局中,要求结合自然地形、周围环境、地域文脉、建筑环境和建筑朝向等,在设计中配套总平面图、竖向设计图、土方平衡图以及硬质景观、围墙大门、场区照明设施、旗杆、广场等平面定位图。对于部分用地规模指标有富余的场区,可适当预留后期发展扩容用地。

在服务区、停车区等服务设施规划布局中,要求总体按照《广东省高速公路服务设施设计和验收指南》要求,实现功能合理分区,旅客服务设施、车辆服务设施清晰界定,做到客货分离、车流和人流通畅等。针对车辆进出场区的总平面流线设计方案,要求交通组织流线清晰,避免车辆之间以及车辆与行人之间相互干扰,确保安全。平面布局总体按"进入服务区、停车(用餐、住宿、购物、修车等)、加油(加气、充电)、驶出服务区"流线方案,场区从主路至场区内部依次设置绿化带、停车场、场区主要道路、服务楼前广场、服务楼、场区次要道路、附属配套设施、绿化带等。

在变配电房、水泵房、污水处理、垃圾分类(处理)等附属配套设施规划布局中,原则上设置于场地后部,具体位置应综合考虑风向、地形、管线布置、景观效果等因素,通过场区次要道路及绿化带将其与服务楼分开设置,达到美化环境、方便管理的目的。

(3) 综合考虑自然环境条件

建筑的平面布局不仅对建筑的合理使用及提高室内热舒适度有着决定性的影响,对于建筑节能尤其是冬季热耗量,也有很大的作用。建筑布局综合考虑环境、节能、通风、遮阳、避雨等因素,总体采用开敞式、院落式布局,强化了庭院、外廊、檐廊、露台、屋顶花园等空间组织诱导作用。

结合现场实际地形及周边景观视线要求,场区各主要建筑群体(办公楼、宿舍楼等)的整体朝向按南北朝向设置,室外运动场区(足球场、篮球场、羽毛球场等)尽可能避免东西向设置;餐饮区厨房排烟尽可能避免对宿舍生活区影响;配电房发电机、变压器等设备尽可能避免对宿舍生活区干扰;污水处理设施结合根据场区实际地形合理确定位置;此外,考虑到广东地区气候多雨,在规模指标可控的前提下,服务区公共场区可合理配置风雨连廊。

(4) 其他具体功能需求

在各场区规划工作还应结合相关政策文件或具体管理需求,配套相关功能场区或用房。例如,服务区应单独考虑危化品车辆停放区、警务室等,同时适当预留充电、加气等场区;收费站应结合入口阻截劝返管理的需要,完善超重车辆的劝返管理等相关场区预留规划。

3. 建筑平面布局方案

高速公路房建工程建筑平面方案以实际使用功能为主,同时结合建筑周边自然条件和环境关系,合理确定各单体规模、内部布局、节能减排等指标;此外,要结合建筑消防规范要求,合理确定各建筑单体防火分区、疏散楼梯、防火门、防火玻璃、廊道长度等细项设计。

(1) 办公楼设计要点

该类建筑单体主要基于日常办公管理功能,属该类场区建筑规划布局的重要控制点。在布局方案中,要重点抓好入口大堂、办公室、监控大厅、外窗朝向、廊道、洗手间等主要节点要素。其中,一楼入口大堂倡导采用局部双层挑空方案,凸显宽敞大气之感;办公用房面积严格按照有关标准文件进行界定控制;办公区内部廊道隔墙可采取全玻璃或"矮墙+

型材"等隔断方案,以增加通风采光;监控大厅屏幕、监控操作台设置位置应方便机电线缆与机房设备相连;建筑外窗要综合考虑朝向及外界景观;另外,路政执法办公楼建议相对独立设置,避免与管理中心日常办公产生干扰。办公楼效果如图3-20所示。

图3-20　管理中心办公楼效果图(化湛项目)

(2)综合楼设计要点

该类建筑单体主要基于员工用餐需求。在布局方案中,要重点抓好厨房及相关功能用房等主要节点要素。厨房功能布局应进行专业设计,以便于科学作业并解决油污、污水和油烟排放等问题,相关粗加工间、洗消间、主食仓库等功能用房及内外走道的布设位置应满足食品运输及食堂常规操作工艺流程要求;餐厅的布设位置应实现送餐路线便捷通畅。综合楼效果如图3-21所示。

图3-21　综合楼效果图(潮漳项目)

(3)宿舍楼设计要点

该类建筑单体主要基于住宿功能,属该类场区建筑规划布局的重要控制点。在布局方案中,要重点抓好床位、洗手(淋浴)间、空调机位等主要节点要素。其中,宿舍使用面积严格按照公司有关文件进行界定控制;空调室内机应避免正对床头;阳台门开口位置应方便床头柜等摆设。宿舍楼效果如图3-22所示。

图3-22　宿舍楼效果图(英怀段)

(4)综合服务楼(服务区、停车区)设计要点

该类建筑单体主要基于驾乘人员出行服务需求,属该类场区建筑规划布局的重要控制点。在布局方案中,要重点抓好公共卫生间(含第三卫生间)、便利店、特产专营店、母婴室、中庭等主要节点要素,尽可能结合人流情况充分挖掘提升服务区经营效益。其中,室内总体布局设计应结合《全国高速公路服务区服务质量等级评定办法(试行)》等有关使用需求,尽量避免人流相互交叉和干扰;公共卫生间区域要确保通风;入口大门区域可结合广东地区阳光雨水充足的气候特点,考虑设置雨棚或风雨连廊;此外,要加强第三卫生间、母婴室等特殊功能空间相关引导标识。服务区综合服务楼效果如图3-23所示。

图3-23　服务区综合服务楼效果图(龙连项目)

(5)卫生间设计要点

卫生间在各类建筑单体平面布局均属重要关注点,卫生间应重点关注通风采光、厕位布局、空间利用等要素。

综合服务楼(服务区、停车区)的公共卫生间应尽量增加开窗(包括屋顶天窗)数量,通过采用自然采光、自然通风以及加高净空等环保设计方式;围墙设计可采用内外高低围墙方案,确保通风性;外立面门窗位应与内部厕格位置相对应;此外,外门应通过一定的隔断措施,避免视线通视。

宿舍楼卫生间大多同时兼具洗浴功能,内部空间应确保有效利用,据此可通过优化门洞位置尺寸、室内管井尺寸以及淋浴区空间等综合考虑。

办公区卫生间应按照《办公楼建筑设计规范》(JGJ 67—2006)中有关"办公楼厕所距离最远的工作点不应大于50m"的规定要求,并按照"男左女右"的原则进行布置。

(6)其他

收费雨棚:主要采用简洁的混凝土板加上南粤元素的红色线条,站房和收费雨棚紧凑结合,实现节地低成本。

设备机房:重点关注通风、防雨、防潮要素,按照IDC数据中心机房的设计要求,合理确定相关预留接口或管道(如配电接口、接地端子、空调冷凝水管道等),满足相关产品设备安装要求。

各建筑单体管线设计尽量采用墙体预埋或吊顶暗装方案。

公司开展的房建标准化设计工作,是响应国家关于加快推进建筑标准化、工业化的号召以及贯彻落实交通运输部、省交通运输厅开展现代工程管理的一项重要举措,相关设计成果填补了广东省高速公路房建设计标准化的空白,进一步丰富了广东省高速公路设计标准化的内容,有效提高了公司所属各建设项目房建工程设计工作效率。

第六节 创 新 设 计

一、创新设计理念

创新设计是创新理念与设计实践的结合,是充分发挥设计者的创造力,利用已有的相关成果进行科学构思,设计出具有科学性、创造性、新颖性及适用性的一种实践活动。创新设计的出发点主要有以下三个:

①从用户需求出发,以人为本,满足用户的需求。

②从挖掘产品功能出发,赋予老产品以新的功能、新的用途。

③从成本设计理念出发,采用新材料、新方法、新技术,降低产品成本、提高产品质量。

设计的本质是解决问题,创新设计的实质就是发现问题、分析问题和解决问题的一系列创造性的过程。创新设计是以创新的观点和创新的方法来研究设计的规律和模式，它融合了多种设计方法的精髓，包含了当代各种创造技法，并灵活准确地运用于设计之中，使设计工作完全不同于以往的传统设计。由于它包含寻找解决问题的各种途径，所以它不局限于事先构想，更不排斥实践。它追求思维活动与实践活动的统一。

创新设计必须具有丰富的内涵和独特的个性以及有效的方法，才能满足设计领域越来越严格的设计标准和人们对设计工作越来越高的设计要求。必然性、单一性、确定性的设计方法必然会被更复杂、更深刻、更丰富、更灵活的创新设计所代替。

二、创新设计方法

设计只有在技术性能、经济指标、整体造型、操作使用和可维修性等方面做到统筹兼顾、协调一致才是合理的。如何拟定设计要求是设计的一个重要前提，设计要求可分为主要要求和次要要求。主要要求是直接关系到功能、性能、技术经济指标的要求，次要要求是间接关系到设计质量的要求。在具体设计过程中，所涉及的设计要求的内容，其主次轻重是不同的，设计人员可根据实际作出具体分析。

在公路行业中，创新设计同时具备创新性、先进性、协调性和可行性的特点。创新设计是设计过程中的一个重要环节，在一定程度上，它决定了结构的总体布置和主要构造的格局，对结构的美学价值、结构安全性能、可施工性以及经济指标，甚至建成后的耐久性、可养护性、可检查性都有决定性的影响，是设计的一个主流方向。

省南粤交通公司所辖项目在创新设计方法方面进行了大量工作，其中较为典型的有：化湛项目茂湛铁路转体桥创新设计、广中江项目斜拉桥景观创新设计、龙怀项目东江大桥桥侧特高等级景观钢护栏创新设计、珠海连接线前山河特大桥波纹钢腹板设计。

（一）茂湛铁路转体桥创新设计

茂湛铁路转体桥主桥采用双幅(75+75)m T型刚构桥，单幅桥转体重量约10500t，双幅同步转体施工，其中左幅桥在铁路南侧预制，右幅桥在铁路北侧预制，转体长度均为(67+67)m。2017年7月17日，两幅桥同步逆时针转体83.6°，顺利旋转精确到位。茂湛铁路转体桥是广东省高速公路建设史上的第一座转体桥，为广东省高速公路后续转体施工建设提供了宝贵的经验。

1. 抬高承台，避免基坑隐患

该桥承台设计为二级承台，下承台平面尺寸为16.6m（顺桥向）×19.4m（横桥向）×5.0m，上承台平面尺寸为10.0m（顺桥向）×10.0m（横桥向）×2.8m，原设计承台顶面在原地面以下，开挖深度较大。转盘位于基坑作业，操作空间狭小，给转体设备安装、转体过程带来了额外困难。针对该技术难点,并借鉴类似的转体桥经验,最终确定将承台底抬高至原地面,避免基坑施工,最大程度降低了茂湛铁路的运营安全风险,同时也方便了整个转体施工作业地开展。原设计承台与抬高后承台分别如图3-24和图3-25所示。

图3-24 原设计承台

图3-25 抬高后承台

2.优化转盘,降低转体摩擦阻力

为减小转体过程中上下盘之间摩擦阻力并防止杂物进入上下转动摩擦面,球铰上下盘之间采用润滑油脂与四氟乙烯粉均匀拌和后进行填充。润滑油脂尽量选用润滑性能好且品质稳定的特殊油脂,一般采用锂基脂或硅脂。滑道减阻如图3-26所示,滑块转盘如图3-27所示。

图3-26 滑道减阻

图3-27 聚四氟乙烯滑块转盘

3.称重试转,平衡结构体系

为了保证转体过程中,体系平稳转动,要求预先调整体系的质量分布,使其质量处于平衡状态。以球铰为矩心,顺、反时针力矩之和为零,使转动体系能平衡转动,当结构本身力矩不能平衡时,需根据实测偏心结果,加配重使之平衡。

(二)广中江项目斜拉桥景观创新设计

广中江项目全线共有斜拉桥4座。其中江门市内3座:滨江大桥主跨400m,潮荷大桥主跨320m,江海大桥主跨380m;广州市内1座:番中大桥主跨365m;均为中央双索面半漂浮体系斜拉桥,其中滨江大桥、番中大桥为扇形索面布置,潮荷大桥为竖琴形索面布置,江海大桥为辐射型索面布置。4座斜拉桥均位于城区或开发区,景观效果要求高,除采用中央索面结构提高景观效果外,在索塔造型上也提出了"天圆地方"的理念,并根据桥梁结构及环境特点进一步演变为更为简洁抽象的景观造型。

天为圆、主动,地为方、主静。斜拉桥索塔顶部设置拉索,主动;底部落于河底,主静,很好地诠释了"天人合一、效法自然、和谐包容"寓意,同时索塔采用"中央收腰"的人性化造型设计,体现着"人与自然相协调"的理念,见表3-5。

索塔美学造型　　　　　表3-5

项目	滨江大桥	江海大桥	潮荷大桥	番中大桥
寓意	天圆地方	亦圆亦方	圆方交融	八边形
塔形				
塔顶截面				
塔底截面				

滨江大桥,索塔高127m,采用"天圆地方"的形式:塔顶为圆形结构,塔底为矩形结构,上塔柱中部设置35m的圆方过渡段。

江海大桥,索塔高111.188m,采用"亦圆亦方"的形式:塔顶为正八边形结构,塔底为矩形结构,上塔柱中部设置 30m 的过渡段。

潮荷大桥,索塔高 107.928m,采用"圆方交融"的形式:塔顶为圆方形交融结构,塔底为 12 边形,利用三维仿真技术,拟合出高度方向的最佳变换曲线。

番中大桥,索塔高 119.8m,采用八边形的形式:上塔柱采用等截面的八边形,下塔柱结合受力逐步变化。

(三)龙怀项目东江大桥桥侧特高等级景观钢护栏创新设计

龙怀项目东江大桥地处广东省河源市龙川县水资源保护区,主桥及部分引桥段上跨东江和 205 国道,东江为 V 级航道,205 国道为一级公路。东江大桥全长 991m,其中主桥段采用预应力混凝土变截面连续刚构,引桥段采用预应力混凝土(后张)桥面连续小箱梁。

东江大桥横跨水资源保护区,桥侧护栏不仅需要有效防护事故车辆坠落,同时还要防止污染水资源,因此东江大桥桥侧应设置最高防护等级桥梁护栏,提高安全储备。东江大桥原设计主桥段和引桥段桥梁护栏均为 1.1m 高的混凝土结构,按《公路交通安全设施设计规范》(JTG D81—2006)进行设计,该规范规定的最高等级为 SS 级,防护能量为 520kJ。

2013 年 12 月 1 日《公路护栏安全性能评价标准》(JTG B05-01—2013)实施,将护栏最高防护等级由 SS 级(防护能量 520kJ)提高至 HA 级(防护能量 760kJ)。鉴于东江大桥的特殊防护需求,应设置规范规定的最高等级桥梁护栏,因此有必要将桥梁防护等级由原设计的 SS 级桥梁护栏优化为安全性能满足要求的 HA 级桥梁护栏。

通过对东江大桥原设计护栏进行优化设计,采用特高等级景观钢护栏。特高防护等级景观钢护栏总高为 1.5m,总宽为 0.5m,由下部钢筋混凝土基座和上部钢结构组成,如图 3-28 所示。

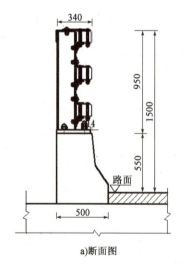
a)断面图

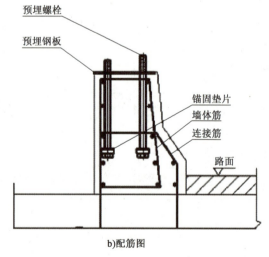
b)配筋图

图 3-28

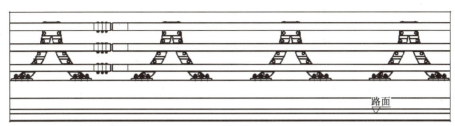

c)立面图

图 3-28 特高等级景观钢护栏结构图(尺寸单位:mm)

采用的特高等级景观钢护栏各项指标均满足《公路护栏安全性能评价标准》(JTG B05-01—2013)的要求,达到了规范规定的最高防护等级 HA 级(防护能量 760kJ);同时特高等级景观钢护栏结构设计新颖、造型美观,景观效果通透,其造型具有以人为本的寓意,且在安全性和美观性方面具有显著的优势。

(四)珠海连接线前山河特大桥波纹钢腹板设计

珠海连接线项目前山河特大桥主桥跨越国家Ⅳ级航道——前山河航道,其通航净空宽度 80m,通航净高 8m,通航等级要求较高。为满足珠海市前山河航道改造规划通航要求,设计采用了新型、大跨、宽幅波形钢腹板预应力混凝土连续梁桥方案。波形钢腹板预应力混凝土连续梁桥结构形式简洁,抗震性能好,而且可以解决传统预应力混凝土箱梁桥腹板开裂问题,并可减轻 10% ~25% 的箱梁自重。前山河特大桥重点考虑了滨海环境下波形钢腹板及箱梁混凝土的防腐设计,保证了桥梁结构整体的安全性、适用性和耐久性,也便于检修和保养,如图 3-29 所示。

a)钢腹板设计之一

b)钢腹板设计之二

图 3-29 珠海连接线项目前山河特大桥波形钢腹板

第四章

安全设计

公路安全设计是公路设计的延续和补充，与公路设计保持协调一致。安全设计可以均衡公众、环境、造价等因素，具有很强的决策作用。安全设计有助于项目管理者对项目的总体把握，有助于公路设计体现"以人为本"的要求及健康、良性发展，有利于社会的和谐发展。

公路安全设计一般坚持总体性原则、坚持客观性原则、科学和可持续发展的原则、安全设计与环境景观相结合的原则。

本章主要从总体安全设计及安全设计内容方面进行介绍，此外安全设计还应涉及结构安全设计和功能安全设计。

第一节　总体安全设计

传统的道路设计规范未考虑交通行为中"人-车-路"的协同作用，也缺乏对驾驶人心理特性的重视，造成了设计者和使用者的脱节。公路建设完成之后，只能通过运营来进行检验，通过交通事故的惨痛教训来为安全设计买单，所以有必要事先进行路线安全设计，从传统的"被动型"向"主动型"安全设计转变。

公路总体设计就是使路线平纵线形、路基、桥隧、路线交叉、沿线设施等相互协调、整体统一，以适应自然环境条件、满足公路工程需求的过程。公路设计中的路线、路基、桥梁、隧道等专业都受复杂的社会环境和自然环境影响，且这些专业项目之间也有着较强的内在联系，总体设计就是对相关范围内问题的全局设计。

路线安全设计以运行速度理论指导路线方案选择和线形设计，是改善和解决安全问题的有效途径。尤其是山区长大纵坡路段，运行速度的评价就显得尤为重要。同时路线设计应充分考虑工程地质灾害与环境评估的影响，路线走廊带应绕避大的活动断裂带、滑坡、泥石流等重大灾害区。下面以龙怀项目连英段连续长大纵坡设计为例进行介绍。

龙怀项目连英段在清远市清新区石潭镇附近地形由低山微丘区向山岭重丘区过渡。该段地形起伏大，地势较陡，路线布设受沿线地形、清连高速公路、龙须带水库、桃源燕子岩自然保护区等条件的控制。该路段连续长纵坡最低点位于与清连路交叉处，设计高程约84m，最高点位于牛寮洞隧道进口，设计高程约519m，克服高差约435m。该段工程工可路线长20.15km，平均纵坡为2.16%，属于长大纵坡。初步设计阶段，为更大限度提高行车安全性，提出将平均纵坡控制在2%以内，对本路段进行了多方位的方案研究。

一、连续长大纵坡路线方案分析

设计首先对工可进行了优化，优化后K线方案平均纵坡降为1.93%/21.78km，但为进一步减缓纵坡,又分别提出了 F2、F10、F4 线 3 条局部方案与 K 线进行比选,路线方案见图 4-1。

图 4-1　路线方案图

1. 平面展线降低平均纵坡方案

通过平面绕行增加展线长度减缓平均纵坡,提出了沿 K 线北侧绕行的局部比选方案 F2 线和 F10 线与 K 线方案进行比选,如图 4-2、图 4-3 所示。

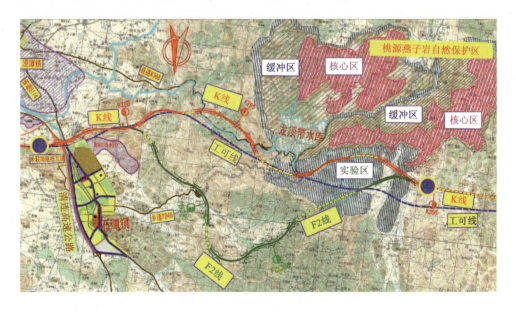

图 4-2　K 线、F2 线路线方案图

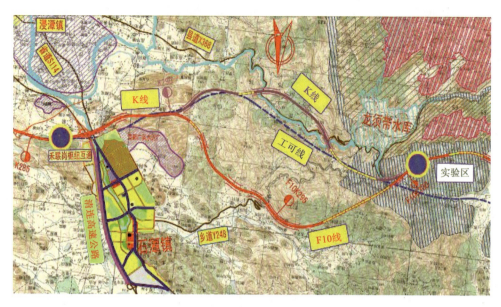

图4-3 K线、F10线路线方案图

三个方案中K线平均纵坡1.93%/21.78km,F2线平均纵坡1.72%/24.68km,F10线平均纵坡1.88%/22.357km。三个方案的优缺点如表4-1所示。

方案优缺点对比表　　　　表4-1

方　案	优　点	缺　点
K线	路线里程短,工程规模小	平均纵坡1.93%,相对略大
F2线	平均纵坡缓,较K线降低了0.21%;减少了对龙须带水库下游河道的干扰,无须设置刚构桥	路线较K线长2.9km,桥梁增长1302m,隧道增长971m,造价高约2.7亿元
F10线	①平均纵坡缓,较K线降低了0.05%。②减少了对龙须带水库下游河道的干扰,沿线施工条件较好。③取消了一座主跨120m刚构桥,且桥梁总长缩短482m	路线较K线长0.57km,隧道增长684m,造价高约580万元

三个方案相比,F2虽平均纵坡最缓,但造价太高,代价大,不宜采用;F10线方案虽造价略高,但平均纵坡较K线缓,且取消刚构桥的设置,沿线地形较缓,施工条件好于K线,因此在造价增加不大的情况下,从减缓平均纵坡提高行车安全性、降低施工难度角度考虑,推荐了F10线。

2.降低高差减缓纵坡方案

为减少平面展线长度,降低平均纵坡,采用最高点后移增加越岭隧道长度的方法,提出了F4线局部方案与K线比选,如图4-4所示。

F4线与K线相比平均纵坡较K线降低了0.12%,减缓至1.81%/23.17km。但牛塘特长隧道由K线的3760m增长为5100m,特长隧道增长1340m,造价高1.44亿元。F4线工程规模大,代价较高,因此推荐K线。

图 4-4　K 线、F4 线路线方案图

3. "平面展线 + 降低高差"的组合方案

连续长纵坡段共提出了 4 条路线方案。通过进一步研究分析后,对这些方案进行了组合,形成了以下三种组合方案与 K 线进行比较,如表 4-2 和表 4-3 所示。

各组合方案技术指标表和工程数量　　　　　表 4-2

项　　目	K 线	K + F10 + K	K + F2 + F4
路线长度(km)	23.87	24.442	26.61
平均纵坡值(%/km)	1.93/21.78	1.88/22.36	1.62/24.94
3km 最大平均纵坡(%)	2.41	2.34	3.12
桥梁(m/座)	7253/12	6770.5/11	8378/17
隧道(m/座)	7271.5/4	7955/4	9582.5/6
桥隧比例(%)	60.85	59.83	79.51
初步估算(亿元)	22.95	23.00	27.15
比选结果	—	推荐	—

各组合方案技术指标表和工程数量　　　　　表 4-3

项　　目	F10 − K 差值	F2 + F4 − K 差值
路线长度	+0.572	+2.74
平均纵坡值(%/km)	−0.05/0.6	−0.31/3.2
3km 最大平均纵坡(%)	−0.07	+0.71
桥梁(m)	−482.5	1125/5
隧道(m)	+683.5	2311/2
桥隧比例(%)	−1.02	+18.66
初步估算(亿元)	+0.058	+4.20

通过对上述所有方案比选结果进行分析后，可得出以下结论：纵坡越缓，路线长度越长，工程造价相对越高。根据比选结果可知：①K线工程规模最小，但连续长纵坡平均纵坡值最大，为1.93%/21.78km。②K+F2+F4线方案连续长纵坡平均纵坡最小，为1.62%/24.94km，但工程规模最大，较K线造价高4.20亿元。③K+F10+K线方案较K线造价高580万元，但连续长纵坡平均纵坡降低了0.05%，且施工条件好。

经综合研究比选，F2+F4方案工程规模太大，代价较高，不宜采用。而K+F10+K方案与K线相比，虽隧道工程规模略大，造价高580万元，但F10线平均纵坡降低了0.05%，且沿线施工条件较K线好，因此推荐K+F10+K线。

二、连续长大纵坡段平纵面线形等几何设计

连续长纵坡路段推荐方案克服高差420.99m，连续纵坡长22.357km，平均纵坡值1.88%，3km最大平均纵坡2.34%，最大纵坡3.5%/700m/1处。其指标控制在长缓坡要求的范围内，行车较为安全。

在该路段确定路线方案后，还需在平纵面线形上做细化工作。平纵面详细设计中可采用以下方法提高行车安全性：

线形设计需考虑良好的视觉条件，平面线形在条件允许的情况下，尽量采用超高小于3%的平曲线半径，避免采用最小半径值。竖曲线半径则尽量满足视觉所需的最小半径值。纵坡设计时，长大下坡路段有条件时，应设置一定长度的缓坡，缓坡坡长建议不小于1km，缓坡坡度不大于2.5%。超高设计时，可根据运行速度分析，超高分幅设计，即下坡和上坡路段超高可分开设置不同的超高值，以保证行车的安全舒适。

三、交通安全措施

本路段推荐方案平均纵坡值小于2%，但长度为22.357km，属于长缓坡。项目通过运行速度及交通安全性分析，本路段连续长纵坡上坡运行速度能满足货车通行的最低容许值，可不设爬坡车道；对于下坡方向，为确保行车安全，在下坡方向设计拟定了相应安全措施。

通过标志标线加强预告，提醒驾驶员提前预防，谨慎驾驶。路面设置减速带等控制车速。在连续长纵坡下坡8km处设置新村停车区，为车辆提供休息、加水降温服务。在连续长纵坡下坡后半段平均每隔4.5km设置1处撤离车道，共设置3处撤离车道。增设安全行车警示牌。

四、主要经验

结合龙怀项目连英段工程实例,对长大纵坡设计做了有益的探索,主要经验如下:

(1)科学定义长大纵坡。山区高速公路长大纵坡路段的界定标准、平均纵坡的指标值、设计中的应用原则等,依据下坡路段的安全保障等级确定较为合适,在路线方案、指标拟定后应根据运行速度分析及交通安全性分析评价进行反馈调整。

(2)合理控制平面、纵面设计。为保证山区高速公路连续长大纵坡路段的行车安全,在路线方案研究时,应加强平面、纵面优化或组合方式方案比选,可通过平面展线或降低纵面高差等方式,最大限度地降低平均纵坡指标,选择更有利于行车安全的路线方案。

山区高速公路路线设计时,当连续长纵坡路段里程大于15km时,平均纵坡宜控制在2%以下,且连续陡坡路段平均纵坡宜小于3.5%/3km、3%/5km、2.5%/8km、2.0%/15km。长大纵坡路段平面线形在条件允许的情况下,尽量采用超高小于3%的平曲线半径,避免采用最小半径值。

(3)差异化路面设计。长陡坡路段路面设计应考虑特殊设计,应结合路面结构特点,考虑采用水平受力性能较好的水泥混凝土路面或者高模量改性沥青路面。

(4)交通安全措施是保障。若通过平纵面优化后,仍不能避免长大纵坡路段出现,则应对其进行交通安全分析,加强交通安全设施设置。在下坡方向的合适位置可设置紧急避险车道、冷却池、停车区等,尽量避免车辆在连续下坡行驶过程中,因制动失效造成交通事故;上坡路段必要时设置爬坡车道,以提高车辆通行能力。

第二节 安全设计内容

在设计的各个阶段,安全设计的内容各有侧重。

一、工可阶段安全设计内容

在工可阶段,路线的安全是关系到项目整体设计、实施的源头。其主要内容有:

(1)工程走廊带内有无重大地质灾害,如滑坡群、泥石流、地震多发带、防洪安全评价等。

(2)工程走廊带是否穿越高海拔、积雪冰冻等区域,对运行通车时间安全性进行较全面的论证。

(3)工程走廊带方案是否存在长大纵坡问题,分析交通量组成等对公路安全性的评价,是否有可能采取绕行或者新辟平缓走廊的工程方案。

(4)确定与经济相协调的设计标准。

二、设计阶段安全设计内容

在工可确定的走廊方案内进行详细的工程设计,将公路安全设计落实到具体设计细节过程。设计阶段安全控制的主要内容有:

1. 对工可技术标准的检验

工可阶段给出的诸如设计速度、横断面宽度、横断面组成等参数的标准是在总体布局研究下提出的。初步设计阶段按照标准进行几何参数设计时,有可能产生不相符合的情况。初步设计过程应在"采用"标准的同时对标准进行"校验",尤其是对公路安全相关的不利因素进行校验,如果差别较大,安全隐患较大,则及时对工可的标准研究进行技术论证。

2. 几何设计与线形组合

公路设计实际上是对平面线形、纵断面线形和横断面的几何设计,目前主要执行的是《公路工程技术标准》(JTG B01—2014)《公路路线设计规范》(JTG D20—2017)等。就安全设计而言,几何设计参数的选择有着重要的意义。

公路线形设计是基于车辆行驶性能、驾驶员生理特点的公路平、纵、横线形设计。线形组合可以是多样的,但始终应从安全的角度进行线形的组合设计。一般来讲,平纵指标的均衡连续有利于行车的安全;考虑设计路段的实际车速以及驾驶员的视觉、心理进行设计,以满足运行的安全与质量;设计速度较低的公路更该选择均衡的指标组合,避免极限指标组合,避免最大平面与最小纵面组合。

(1)平面指标的线形组合:公路设计中高标准的平面线形是不切实际的,过高的标准往往会使得高填深挖、环境破坏,工程规模较大。相反,某些山区高速公路的平面指标并不是很高,但是平面指标均衡布设,运行效果很好,填挖的痕迹也较小。

(2)纵面组合设计:纵面的设计结果主要受制于平面,在平面线位确定的前提下,纵面的总体布局就已经形成。但是,在纵面的组合设计中,如果有不利组合,应及时调整平面设计。纵面设计应平顺、圆滑、视距连续安全,并考虑填挖平衡。从安全的角度讲,纵坡设计特别是长大纵坡的设计应符合平均纵坡的规定,避免采用最大纵坡值,在长大纵坡中不采用极限坡度与极限坡长,避免纵坡的不利组合设计。

(3)平纵组合设计:良好的平纵线形是基于合理的平面组合以及合理的纵坡设计,是一个综合的组合问题,不是平纵组合得当就能根本解决平面或者纵面自身问题。

(4)路侧宽容设计:从安全的角度进行路侧设计,路侧宽容设计主要包括路侧净区的宽度设计、宽容的路侧边坡设计、宽容的排水设施以及宽容的交通工程设计等几个方面。

3.交通安全设施设计

交通安全设施设计主要包括安全设施设计和安全设施与结构物协调设计两方面的内容。

对于公路工程中桥隧等大型构筑物,必须强调其设计的安全性,不仅仅是结构构造本身的安全设计,还在于对行车安全的综合考虑。桥隧构筑物结构设计有严格的规范要求,安全系数高,但在设计中应强调结构物与安全设施的协调设计,注重安全细节的设计。比如,桥梁护栏应与路基护栏、隧道洞口协调设计,缓和过渡,以避免因断面的变化而引起安全事故。对于隧道类构造物,做好长大隧道的消防、救援等方案论证,对隧道的照明方案、标志标线进行综合考虑,对隧道洞口进行安全设计,以利于行车安全。

安全设施设计主要是为了更好地预防事故的发生而采取被动性防护措施,主要包括警示标志、交通标线、护栏、隔离设施、防眩设施、强制性安全措施等。

(1)警示标志:警示标志设置按常规、警告、指示三个大类逐项进行。

(2)交通标线:正确设置交通标线能合理地利用道路有效面积,改善车流行驶条件,增加道路通行能力,减少交通事故。在道路的沿途布置车道分界线、行车道边缘线和车距确认标线,在出、入口处的三角地带结合具体线形设置出、入口边线,在匝道的减速车道前一定距离内的行车道上设置导向箭头,在每处互通立交入口后一定距离内设置行车道、超车道路面文字标记。为了便于夜间驶入、驶出车辆行驶,在互通立交出入口加减速车道上设置反光突起路标。在路侧险要路段,设置视线诱导设施,如轮廓标、线形诱导标等。

(3)护栏:路侧护栏主要依据路侧安全净空区内障碍物隐患情况设置,并注重其端头与桥梁、隧道等不同形式护栏的衔接。在选择护栏形式时针对每条高速公路的具体情况,充分比较各种护栏的性能,分析行驶安全感、压迫感、视线诱导的舒适性等。考虑与公路周围环境的协调,结合经济性、施工条件及养护维修等因素,因地制宜地选择护栏形式和方案。

(4)隔离设施:为防止行人、非机动车辆和动物等随意进入高速公路,确保行车安全,在高速公路沿线两侧用地范围边界及互通立交、服务区、收费站等用地的边界设置隔离设施。

(5)防眩设施:防眩设施安装在高速公路中央分隔带上,用来减少对向车辆前照灯对驾驶员眼睛产生的眩光,改善高速公路的夜间行车安全条件。目前常用的防眩办法有植树防眩和防眩板防眩两种。对一般路段而言,结合公路绿化美化,一般采用防眩灌木,克服驾驶员因单调乏味而产生的疲倦,保障交通安全。对有构造物或混凝土护栏的路段,一般采用防眩板防眩。

(6)强制性安全措施:在公路设计中不可避免存在路线走廊的长大纵坡等方案设计,平均纵坡无法满足要求,容易造成下坡车辆制动失灵等严重的安全事故。因此,在设计中就必须根据情况进行强制性的安全措施设置。强制性措施主要有设置避险车道、降温池、强制休息区、检查区等。

在公路设计中,避险车道应设置在连续纵坡可能导致车辆失控的区域,并在设计阶段进行模拟检验,确保其设置的合理性。

4.省南粤交通公司在交通安全设施设计方面特色做法

省南粤交通公司所属各项目在交通安全设施设计方面各有特色,如化湛项目改进桥梁段中央分隔带防炫设计,采用与路基统一形式的景观树防炫,不仅效果良好,且全线中央分隔带统一流畅,桥梁路基浑然天成;龙怀项目龙连段金花隧道洞内设计环向反光带,确保行车安全,提高行车安全和舒适度;仁博项目仁新段采用长大纵坡连续照明;新博段在隧道进出口端洞口增加通透式明洞的设计;云湛项目吴川支线采用错落有序的植物布设,避免夜间行车光线干扰形成眩光现象;怀阳项目眉山隧道口边坡取消桩板墙,采用"放坡+锚索强支护+挡墙"等方式进行优化,增强景观协调性;河惠莞项目连续纵坡路段适当加强路侧护栏防护等级,采用SB级波形梁护栏。

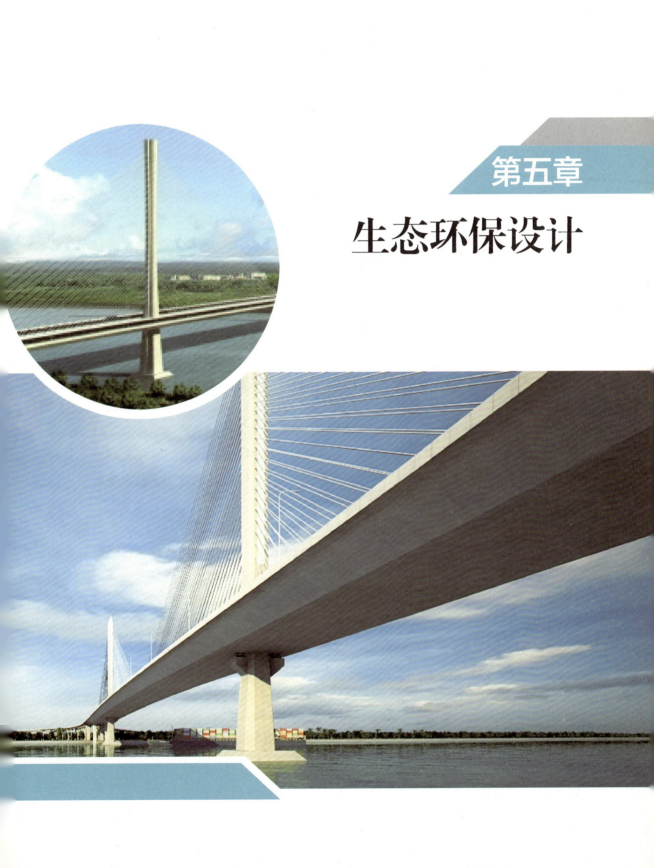

第五章

生态环保设计

第一节 生态保护

公路生态系统由公路使用者(驾乘人员、行驶车辆)、构造物与路域环境构成,是人类根据自己的意志建立起来的服务于交通运输的一种特殊的人工生态系统。公路生态系统在构建的过程中,改变了原有的地形和自然景观,同时在后期运营过程中更是产生了对周边环境的污染、对生态环境的干扰等问题。故在公路建设中应注重生态保护,力求使得公路在具备安全、快速、畅通等交通功能的基础上,能够保持其与周边的景观、建筑及历史文化等因素相互协调,实现交通与环境的统一、协调交通发展与生态保护、建设景观与生态共存的生态公路。

一、公路生态建设发展

近些年来,一些国家已经开始注重生态建设,并在公路设计中考虑生态原则,尽最大努力保护生态环境。德国公路建设者通过采用各种措施用以保证自然资源、名胜古迹和自然风景。美国、加拿大等国废除了传统的浆砌片石和喷射水泥砂浆护面等易对自然环境产生破坏的边坡防护工艺,取而代之的是采用新兴的柔性支护防护形式和绿化措施。瑞士公路建设者在建设区域修建了专供动物通行使用的路线桥,在桥上恢复耕种土并种植与周围环境相似的灌木及草丛,以利于动物通过公路区域,有效避免了公路建设对周边区域动物生存环境的影响。

我国公路生态环保起步于20世纪70年代初,当时首条高速公路尚未建成,公路生态环保工作主要提倡进行大力绿化。20世纪80~90年代,国内高速公路已有建成,但公路生态环保仍然以绿化为主,只是范围有所扩大,由原先的公路两侧扩大到公路用地。直到20世纪90年代中后期,我国在大规模公路建设的基础上,通过引进国外先进技术,公路生态保护技术开始发展起来。在此期间,边坡生物防护技术首次运用,实现了从实验走向实例跨越。进入21世纪,我国在借鉴国外经验的同时,也开始着手自主创新。2001年,在海拔4500~5020m的青藏公路沱沱河段的取土场、弃土场及公路边坡上成功建造人工植被。2003年9月,川九公路在建设过程中,通过把好的近景"露"出来,清除障碍让远处的景"透"出来,把景色不好的地方"封"起来,景色不好又无法"封"住的,设法把人们的视线"诱"开等"露、透、封、诱"方法,成功地穿越了大量高山草甸和森林峡谷。2006年9月,位于我国南部热带雨林地区的云南思茅至小勐养高速公路建成通车,项目坚持"保护自然、融入自然、回归自然、享受自然"的原则,提出人文关怀建设新理念,在全国首次提出并采取了全方位全过程的环境管理制度,并创立"政府监督、业主管理、企业控制、全员实施"的环保保证体系。2006年10月,全沙漠化高速公路——陕蒙高速公路建成。该高速公路在生态环保方面进行了大量的工作,最明显的特点是采用了宽中央分隔带,最大处宽度达到35m,为了充分顺应地形、地貌,全线采用分离式路基;同时根据工程特点,采用公路固沙防护体系对路线范围内的沙漠化土地进行有效防护,所谓的公路固沙防护体系即以公路为主体、在公路两侧设置"平整带""防护带"和"保护带"的"三带一体"防护体系。

我国的公路建设生态保护经历了从简单到多样、从传统到创新的发展过程。近年来,随着高等级公路的建设,随着对环保意识与可持续发展的观念的重视和关注,我国在公路生态保护方面进行了大量的积极工作,全方位、立体式、多功能的生态设计理念和绿化模式逐渐深入公路建设的各个层面。具有中国特色的现代化公路生态保护工程技术体系开始有了初步的框架结构,为公路建设与生态环境保护的持续发展奠定了可靠的基础。

二、公路生态设计技术

建设生态公路,理念是灵魂,设计是核心,施工是关键,管理是保证。设计是建设项目的核心,生态设计更是生态项目赖以建成的关键。生态技术体系不是简简单单的绿化,绿化仅仅是生态技术的一个组成部分。生态技术体系是在设计阶段,根据各个设计专业的自身特点,结合生态理念,形成的行之有效的合理技术手段。

生态设计做到与自然合作、适应自然,重点是要有融汇自然的设计理念和设计思想。公路是穿越自然环境的人工构造物,其不可避免地与区域内的自然生态系统产生关联作用,主要表现为公路与沿线的植被、动物、水体、沉积物等生态因子的相互作用以及公路穿越自然环境时与区域内生态系统的相互作用。公路建设的设计环节不应仅仅考虑线形的平纵组合,更应综合考虑项目与周边的自然环境及沿线的人文环境相结合,将公路有机融合到周围环境中,并结合周边的树林、草地及起伏的地形等多方面因素,尽可能地把公路建设所可能引起的视觉冲击及公路建设对周边自然环境的不利影响降到最低。

生态设计根据所在区域自然、地理、经济、社会等多方面的特点,坚持以下总体设计原则:

(1)根据项目的建设环境与工程规模,充分利用走廊资源,合理选择路线方案,严格控制公路用地。

(2)灵活运用规范指标,在保障安全的前提下,减少对自然生态环境的破坏,节约工程投资。

(3)桥型方案充分考虑桥址地形、地质、水文等自然条件以及工程造价、施工条件等因素,选择经济合理、安全可靠、施工成熟的桥型。

(4)合理确定互通立交、交叉口建设规模和设置位置,择优选择设计方案,并注重与地方的人文景观、自然环境的和谐统一。

(5)合理设置交通工程及沿线设施,统筹规划、合理使用,使道路使用者安全、快捷、舒适、经济,以获得最大社会经济效益。

(6)减少管线、房屋拆迁,采取严格的耕地保护措施,少占用农田,尽可能减少工程量,节约投资。

(7)加强环保意识,坚持可持续发展,充分考虑公路建设对沿线自然生态环境的影响,注重公路建设与沿线自然环境、生态环境、人文环境的整体协调。

下面对公路生态设计中使用较多的陆生动物保护、沿线植被防护、土壤利用、水土保持、水环境保护技术分别加以阐述。

1.陆生动物保护

公路建设过程中,对陆生动物的保护主要采用设置动物通道和利用隧道、桥梁取代大开挖或高路基两种方式。

公路沿线有野生动物或珍稀野生动物自然保护区和动物集中活动区时,一般采用修建动物通道的方式以利于动物通过。动物通道主要分为上跨式和下穿式两种。通常情况下,使用当地的植物对通道工程设施进行绿化,以使得动物通道与周围环境融为一体。

山区高速公路采用隧道、桥梁取代大开挖、高填方路段是对动物生存环境影响最小的。隧道上面的山体和桥梁下面的通道类似动物活动的天然场所,能为大型野生动物提供活动场所,能减少对自然生态体系的干扰。但对于隧道口及特长隧道顶部的竖井、斜井处,应做好防护措施,防止动物跌落。

2.沿线植被防护

公路沿线植被生态防护主要从两个方面来实施:一方面是通过对原生植被的保护和利用,恢复地带性植被;另一方面是依据群落学原理,构建人工植被群落,使生态系统逐渐恢复到原来的生境和种群。

(1)沿线植被生态保护

原生地带性植物群落是生态保护的重要目标,其具有完备的生态功能,关系到周围环境的生境,同时并存有大量特有的动植物。

(2)沿线植被生态恢复

公路是线形的人工构造物,涉及的地理环境、土壤和气候条件差异较大。沿线植被生态恢复应合理选择适宜植物,因地制宜;也应充分考虑植物的抗寒、耐旱、抗病虫等生物学特征,将其置于适宜路段;也可利用植物在空间和时间生态位的差异,构造乔、灌、草相结合的植物群落,以使高速公路沿线的生态环境更好更快地恢复。沿线植被生态恢复技术主要有中央分隔带绿化、路堤边坡防护绿化、路堑边坡防护绿化、景观路树栽植绿化，以及立交区、服务区和收费站绿化等。

3. 土壤利用

由于公路线路长，跨越范围广，公路建设容易使得表土丧失从而养分和有机质遭到破坏。在此条件下发育的土壤既带有原来土壤的某些特征，又包含了独特的成土环境和成土过程，土壤类型的空间异质性显著，因此在利用方向、模式上采取分类利用、合理分配的原则。现主要就表土利用、弃土弃渣利用进行阐述。

(1) 表土利用

表层土壤是公路施工前原生土壤的表面一层。表层土壤包括公路途经农田土壤的上层耕作层。林地、灌丛植物密集的表层土壤，拥有植物生长必需的土壤基质，其含有的天然种子基因库可以为自然恢复创造良好条件，也可以防止外来植物的入侵，符合恢复生态学的基本原理。表土回收利用是当地植物快速恢复的物质基础。

表土回收一般只需在公路施工前取表土厚度约20cm，以留备后续公路建设使用。目前回收的表土主要用于路域复垦或资源化作为土壤资源进一步利用。路域复垦一般是在施工后期在路基边坡等区域覆盖压实然后进行绿化，或者用于取弃土场或拌和场等临时占地的复耕。

(2) 弃土弃渣利用

弃土弃渣是公路沿线挖方废弃的土石方。一般采用"因地制宜""化大为小""就地消化"等较为安全、可靠的处理方式来消除其对沿线景观和地表造成的严重影响。公路施工完成后，弃土弃渣予以回填来恢复原地貌，同时，弃土弃渣的处理也尽量与地方建设、房屋基础设施及建筑材料相结合起来。

4. 水土保持

水土流失是由于扰动地面或弃土弃渣而造成的水资源和土地资源的损失。公路施工不仅可以造成地表水流失和深层地下水的破坏，而且也可以造成表层土壤和深层土壤的破坏。公路施工造成的水土流失具有突发性特点，容易引发自然灾害，故目前采用水土保持技术来预防水土流失，主要有边坡生态防护技术、生态型水沟、生态型桥梁锥坡等。

(1) 边坡生态防护技术：通过土工材料与植物有机结合在坡面构筑的适合植物生存的功能系统。其同时具有刚性防护技术的防护效果直接、抗冲刷的特点以及柔性防护技术绿化和景观效果好的优点，将防护效果和生态效有机地结合起来。

(2) 生态型水沟：常规的混凝土水沟容易毁坏水和草共建的环境；破坏水中的生物及微生物的生存环境，使水生生态系统失衡；刚性材料吸收热能，加剧城市热岛效应等。而生态型水沟既可保证水沟的基本用途还能弥补常规技术的不足。

(3)生态型桥梁锥坡:桥梁锥坡是桥台与路基边坡的收尾部分,是连接处的重要设施。小型桥台锥坡采用植被防护,大型桥台采用"工程防护+植被防护",既保证桥梁的稳定性,也保证生态的环保性。

5. 水环境保护

公路施工容易造成附近区域水环境的污染,这些区域主要包括隧道、桥梁施工地段,以及施工管理区和施工场地堆放材料处。

(1)隧道施工水环境保护

隧道施工水环境保护主要包括隧道施工地下水保护和隧道施工地表水保护。

①隧道施工地下水保护:隧道施工地下水保护主要包括防止地下水下降和防止隧道涌水。隧道施工时铺设防水层,将隧道与地下水系隔绝,避免影响地下水系。防止涌水仍然坚持"以堵为主,限量排放"的原则,采取注浆堵水、涌水洞穴封堵和二次衬砌防排水等措施。

②隧道施工地表水防护:隧道钻渣、隧渣等废弃物不得直接进入地表水体。隧道衬护用料的选取和处理过程产生的废水及施工现场产生的污水,按一般拌和站和施工营地的污水处理方式进行处理。

(2)桥梁施工水环境保护

桥梁施工水环境保护可通过改进桥梁施工工艺来实现。沉井法施工可用于常年流量较大的河流以减轻对河流水质的污染。围堰法施工可用于小流量的河流,以有效防止施工引起的水质浑浊。桥墩施工时采用沉淀循环工艺,减少泥沙进入河中。

6. 工程案例

云湛项目化湛段最大限度避开雷州青年运河及沿线水库;龙怀项目龙连段避让连平县生态严控区;龙怀项目连英段避开了连平县河头县级自然保护区、连平县西山县级自然保护区、英德滑水山市级自然保护区、清新桃源燕子岩市级自然保护区的核心区和缓冲区;仁博项目仁新段避让了南山省级自然保护区、青云山省级自然保护区、雷公寨县级自然保护区、雪山顶森林公园、横溪水库水源保护区、梅下水库二级水源保护区等保护区;大丰华项目绕避塘湖市级自然保护区、八乡山市级自然保护区、鸿图嶂市级自然保护区、桂竹园自然保护区、南礤县级森林公园蕉洲河一级水源保护区、琴江准水源保护区;潮漳项目避绕了韩江鼋、花鳗鲡自然保护区、文物保护区、风景名胜区、饮用水源地保护区、基本农田保护区等生态环境敏感区;龙怀项目英怀段避让了桃源燕子岩自然保护区、怀集山地生态严控区、中洲河二级水源保护区等保护区;怀阳项目避让了麒麟山森林公园、天下第一石(大斑石景区)、莲都十里画廊、龙山景区、千层峰景区、窑涌山文物遗址、西江二级水源保护区、文塘水库等保护区;清云项目避让了规划的云浮新区、洞坑水库二级水源保护区等保护区,尽量少的占用三坑温矿泉自然保护区及广东省生态严控区,最大限度地减少了对生态敏感区的破坏;揭惠项目在可能对秋风水库造成影响的路段采取"地表水与公路路面水分离排放"措施。

第二节 资源节约

公路建设是一个资源消耗过程,其不仅需要消耗大量的建筑资源,而且还要占用土地、植被等自然资源。公路建设应不断提高土地、能源等稀缺或不可再生资源的使用效率,切实保护和合理利用各种资源,以促进经济发展与人口、资源、环境相协调,以尽可能少的资源消耗获得最大的经济效益和社会效益,以响应国家提出的建设"资源节约型社会"和"资源节约型公路"的号召。

一、公路建设资源节约发展

在公路建设领域,2004年9月的全国勘察设计工作会议提出了"六个坚持,六个树立"的公路勘察设计新理念,指出要"坚持可持续发展,树立节约资源的理念"。此外,《新理念公路设计指南》和《降低造价公路设计指南》对于公路建设中的资源节约进行了全方位的审视,从宏观的节约思想、微观的细节处理两方面进行了阐述。在宏观资源节约方面提出了以下指导意见:

(1)从规划做起,通过合理规划路网、统筹利用线位资源、合理确定建设规模,提高土地的集约利用程度,从而实现节约资源的目标。

(2)以最严格地保护耕地为原则,布设路线线位,最大限度避免基本农田的条块分割。路线布设要尽量避免阻断两侧居民的往来,影响农民生产、生活;要有利于农业田间耕作和水资源利用。

(3)公路建设必然占用一定数量的土地,包括永久占地及施工期的临时占地。在项目决策上,一定要根据规划认真研究,避免因工程重复建设或前后期工程衔接不合理造成土地资源的浪费。

(4)在设计上,精打细算,以满足功能为前提,精心拟定排水沟、边沟、截水沟、护坡道、碎落台等各断面细部尺寸,节约每一寸土地。

(5)注重发挥公路用地潜力的方法和手段,从综合利用的角度出发,探索和尝试对硬路肩、边坡等进行二次开发利用的可能。

(6)合理选用技术标准,灵活运用技术指标。我国幅员辽阔,各区域的社会、经济、文化水平及自然条件有较大差异。设计标准的选择及指标运用避免程式化，以免造成建设成本的增加和资源的浪费。

（7）合理确定工程方案。重视设计基础资料的调查、收集工作，以节约为指导，强调"安全、适用、经济"的基本原则，确保工程安全和功能要求。

（8）优化细节设计。以往设计中有时只注重主体工程，忽视细节，从而导致问题积少成多，甚至带来大的问题。建立"节约型社会"的基本要求，就是要从细节入手。

（9）树立全寿命周期成本的理念。把公路放到环境和社会两大系统中，从项目生命周期的全过程去看待成本。坚持科学的经济设计理念，该投入的一定要投入，能节约的一定要节约，在保证安全、功能的前提下，通过提高技术含量，采取合理、灵活的设计措施，用好每一分建设资金，达到最佳的社会经济效益。

在细节设计方面，《新理念公路设计指南》和《降低造价公路设计指南》也对资源节约提出了以下指导意见：

（1）路基断面形式要结合自然条件等灵活掌握。地形平坦、自然横坡较缓的路段，一般以整体式路基断面为宜；地形复杂、以挖方为主，尤其自然横坡较陡的路段，可采用分离式断面，水平布置或上下错开，或设计为半桥半路、半隧半路或半隧半桥，以减少开挖量，保护自然生态资源。

（2）互通式立交设计的重点是满足功能，满足通行能力，其关键在于匝道入口段的线形。在满足功能的前提下，互通式立交的设计不必追求规模宏大，选择简单紧凑的形式，对于山区高速公路尤为重要。服务区等设施的规模要把握得当，不宜追求大规模，宜采用一次规划、分期实施的方案较为合理。

（3）设置挡墙可以降低公路占地和路基土石方工程量，在征地困难、征地费用不菲的地区，采用挡墙方案不失为一种较好的选择。

（4）分离式路基一般情况下占地多、工程量大，且分离路段较长时，事故抢险或道路维修难度较大，原则上不宜长距离采用，隧道、桥梁方案造价高，但对于地形、地质条件复杂或土地昂贵的路段，也不失为一种好的选择。长隧道一般采用小净距隧道或连拱式。高架桥虽造价高，但在地价很高而路桥下空间又可开发利用的高度城市地段也会成为合理可行的方案。

（5）设置矩形盖板边沟的路堑段，土路肩的功能可由盖板边沟替代，实际可灵活掌握。设置浅形边沟的路堑，土路肩可与边沟、碎落台一并考虑，使边沟同时具有土路肩、边沟和碎落台的功能。

（6）在路基、取土坑、弃土场清理表土时，腐殖土先集中堆放，以利后期恢复植被用。地表腐殖土经过数万年的物理化学作用才得以形成，其中富有大量植物营养成分、种子和根系，是植物赖以生存的条件，也将腐殖土视为一种有限的自然资源。在公路建设中实现挖移并保护腐殖土、工后回填绿化,是恢复生态环境十分迅速、经济、有效的方法。

(7)路基设计宜避免高路堤与深路堑。当路基中心填方高度过肩、中心挖方深度过深时,宜结合路线方案与桥梁、隧道等构造物或分离式路基做方案比选。在工程投资相差不多的情况下,建议优先选用桥隧工程以及采用新技术、新工艺、新材料的工程方案。

公路建设行业资源节约作为公路设计的新理念提出,是建立在节约社会资源的基础之上的,并且与生态资源和环境保护密不可分。

二、公路建设资源节约技术

公路建设资源节约技术主要从土地资源节约、表土回填利用等方面来进行阐述。

1. 土地资源节约

土地资源是重要的不可再生资源,本身具有自然和社会经济双重特性。公路建设要发挥其功能就必须借助土体的基本特性。因此公路建设过程中土地资源的集约节约利用必须引起重视。2007年,交通部开展了"公路建设用地若干关键问题研究",第一次从国家层面研究公路建设土地节约利用问题,系统总结了我国公路建设中集约节约利用土地的经验和措施,主要包括政策层面和技术层面两个部分。

在政策层面,1999年交通部与国土资源部联合编制《公路建设项目用地指标》,作为确定建设项目用地规模的依据;2004年交通部出台《关于在公路建设中实行最严格的耕地保护制度的若干意见》等一系列文件,从项目决策立项、工程设计、工程实施、工程验收等各阶段提出了严格的节约用地措施。部分省区市也制定了各自的公路建设中的土地保护规范和指南以指导工程建设。

在技术层面,土地资源的合理利用作为公路建设中最重要的资源节约形式,能带来巨大的社会效益和经济效益。在设计阶段,主要通过以桥代路、以隧代路、以挡墙代替边坡、降低路基高度和缩小征地范围等方式来实现土地资源的节约。在施工阶段,主要通过表土资源保护利用、临时用地集约利用、路基填料节约利用、土地复垦等方式来实现土地资源的节约。

2. 表土回填利用

表土回填技术是公路建设中经常使用的施工工艺,其应用较为广泛且生态意义重大,是公路建设中资源节约的典型技术,在节约成本和环境友好两方面成效显著。

表土回填技术经常用于对裸露底土的复垦。一般采取"挖前铺后,轮流回填"的办法,以使得当地的表层腐殖土得以保存和利用,提高植被恢复的成功率。通常情况下,在路基铺建、取料场开辟、临时运输线路开通时,将原有表土有序挖起并移至适当的地方,待工程

结束时,将表土回填;或者将新施工地段的表土回填至已结束地段。该方法工艺简单,对生态的保护效果明显,具有普遍性,有利于全行业的推广,是一项实用而突出的资源节约技术。

3.工程案例

龙怀项目龙连段创造性地提出"电力设计施工总承包"模式,6个月时间完成电力线改迁92%;全线预制场均设置在主线路基上,合理利用资源,减少临时用地,减少环境破坏,同时节省施工和建设成本;此外,施工用电采取"永临结合",达到"一线架通、全线共享"。

仁博项目仁新段将路面标与特长隧道施工标段捆绑招标,充分利用洞渣,节约材料;开展"原生大树移栽及表土的保护与利用技术"专项研究,并将成果全面应用至项目。仁博项目新博段在选型、选线时尽量避让耕地、农田,不可避免穿越农田段时尽量通过桥梁方案跨过。同时,各项目均合理规划驻地、拌和站、便道等临建设施以减少占地。此外,加强"永临结合",如施工便道与地方道路"永临结合"、项目驻地充分利用既有房建设施。

第三节 节能减排

一、公路建设节能减排内涵

我国提出要把资源节约作为基本国策,以绿色、低碳为发展理念,以节能减排为重点,构建资源节约型、环境友好型社会,以增强我国可持续发展能力,以期实现我国经济社会的全面协调发展。就公路建设而言,在其取得巨大成就的同时,其排放的污染物也对生态环境产生了负面影响,所以节能减排也是公路建设关注的重中之重。

总体而言,节能减排要实现两个目标:一是资源节约利用;二是达成污染物减少排放目标。宏观层面来讲,节能减排强调地球资源与能源的有限利用与环境污染物的限制排放;微观层面来讲,节能减排强调能源高效利用与有害物质减少排放。

二、公路建设节能减排技术

公路节能减排涉及公路建设、运营的各个阶段。现主要从公路施工实现节能、公路运营实现节能以及附属工程实现节能等方面进行阐述。

(1)公路施工实现节能减排

公路施工过程的能源消耗巨大,传统的施工模式和发展模式已不能适应所面临的能源和环境压力。要保证公路施工健康良性和长远化发展,就必须加强能源资源节约与环境保护。公路建设企业应革新建筑设备与施工技术,停止采用高能耗的技术手段,引进先进技术设备的同时,学习国外节能环保的施工程序,推进资源循环利用。

(2)公路桥梁和隧道运营节能

高速公路照明节能技术不仅能够节约建设投资,而且能够保障后期运营安全,已经被越来越多的管理者重视。如何结合工程特点运用照明节能技术,降低照明运行成本,保证道路安全成为高速公路照明工程的关键,要实现这一目标,主要依靠先进的施工手段,高效的管理制度,创新的节能减排技术,从而满足建立资源节约型社会的内在需求,实现高速公路的集约化发展。

(3)高速公路服务区节能

高速公路服务区的建设,强调对节能技术的合理利用。采取的主要措施有采用隔热材质、降低空调能耗、节约用电、阻隔室外气体、防止噪声污染等。在中水的处理方面,通过安装污水处理系统,实现污水的中水处理,满足排放指标,使水体实现循环利用,比如浇花、冲洗厕所、机械降温等;在厕所建设方面,采用加开天窗方法,实现天然采光及通风,同时通过安装声控照明系统实现节约用电;在夜间照明方面,遵循环保技能原则,削减高杆灯数量,以太阳能照明设施取代传统照明,环绕周边建筑,节约用电的同时提供美丽的夜间照明效果。

第六章

景观提升设计

公路景观设计主要通过美感设计来使得观察者在移动中随着画面的大小、远近景等来体会景观的美感;通过画面设计来使得公路远景、近景呈现时间、空间的变化;通过借助沿线自然景观来烘托和渲染公路景观。

第一节 景观设计理念及方法

一、公路景观设计理念

公路景观是包括自身及其沿线地域内的自然景观和人文景观的综合景观体系,具有特定的生态结构功能与动态特征,体现了人与环境的相互约束关系,是一种文化与自然的交流。而公路景观设计是从美学观点出发,在满足交通功能的同时,充分考虑公路空间的美观,以及与周围景观的协调性,让使用者感觉安全、舒适、和谐所进行的设计。它包含了公路自身景观设计和路域景观设计。

我国公路景观设计最早体现在 1978 年的陕西汉中地区公路管理中,其运用公路美学原理,将景观元素加入公路中对外观进行了改善,取得了良好的效果。在长期的经验积累后,我国于 1983 年提出了公路标准化与美化工程(GBM 工程)。1996 年颁发了《公路建设项目环境影响评价规范(试行)》(JTJ 005—96)。1998 年颁布了《公路环境保护设计规范》(JTJ/T 006—98),这一规范有涉及公路景观绿化的内容,积极有效的规范了公路景观绿化设计。2004 年我国又提出"通过借鉴国内外经验,提高设计人员环保景观设计(创作)意识,转变设计理念,合理灵活运用技术标准指标,降低公路建设对社会环境的负面影响,提高公路交通行业整体形象"。至此,公路景观设计的基本理念及发展方向基本确立。2006 年新颁发了《公路建设项目环境影响评价规范》(JTG B03—2006)。2016 年又提出打造四条"路",即"康庄大道路""扶贫小康路""平安路"和"产业路"。"康庄大道路"主要是高速公路和省级国道;"扶贫小康路"主要是贫困地区农村公路;"平安路"是指对存在问题的道路和危桥进行改造;"产业路"则主要是和扶贫有关的旅游、绿色等产业起到支撑作用的道路建设,此举进一步肯定了景观设计的地位,奠定了将公路景观设计与社会经济文化、民生热点问题相联系的发展趋势。

公路景观设计主要从提高行驶安全性和舒适性,保护陆域生态环境和景观资源、实现公路建设的可持续发展两方面进行考虑。

提高行驶安全性和舒适性,主要充分考虑驾驶者的视觉和心理感受,使路域景观的形式、色彩、布局等能满足安全行驶的各项要求;同时,优美的线形和景观能够提高驾驶者的注意力，避免行驶过程中产生疲劳，从而减少交通事故，保障公路的安全畅通。

保护陆域生态环境和景观资源，实现公路建设的可持续发展。公路景观设计要充分利用自然景观和保护自然资源，使公路与自然环境相协调，同时还保护历史人文景观，使得人类精神文明和文化知识可持续发展。

二、公路景观设计方法

公路景观不同于城市、乡村景观，也有别于风景园林、高楼低舍，具有自身的性质和特点。公路景观的构成元素多元化，主要由自然与人文，有形的无形的多种元素构成。这决定了公路景观设计必须对自然景观进行巧妙利用，同时将人文景观融入自然景观当中，使之形成和谐的整体。公路景观的时空存在多维化，既有连绵、起伏、转折的连贯性空间序列变化，又有时相、季相以及人的心理时空运动所形成的时间序列。公路景观环境拥有自然属性和社会属性双重属性，有别于单纯的观赏景观和艺术造型，其需要在满足功能要求和实用要求的同时又具有一定的观赏价值和艺术价值。

公路景观设计从可持续发展的角度出发，符合时代发展的需要，体现时代主旋律，同时要有地域特色，与风俗人情、历史文化相协调。总的来讲，公路景观设计坚持功能性原则、自然性原则、可持续性原则、地域性原则、综合性原则。

(1)功能性原则：在公路景观设计中，首先要考虑的就是公路的功能性原则，以满足公路的交通功能为首要宗旨。

(2)自然优先原则：尊重自然，保护自然，恢复自然，自然景观资源一旦遭到破坏，将难以恢复，因此必须把自然摆在优先位置。

(3)可持续原则：公路景观设计进行多层次设计，使整个公路系统的比例和结构与沿线地区的自然环境和经济发展相和谐，以求生态、社会、经济三大效益的协调与统一。

(4)地域性原则：公路景观设计要统筹规划、因地制宜、分段设计，尽可能保持各地区特有的风俗人情和历史文化。

(5)综合性原则：公路景观设计要兼顾生态、社会、经济效益的协调与统一，使得公路景观在满足观赏性的同时，又具备科学实用性。

公路景观设计包括公路自身景观设计和路域景观设计。公路自身景观是公路自身形成的景观，其设计主要包括公路选线和线形的景观设计；道路路域景观是公路用地范围内沿线的景观，其设计主要包括公路沿线设施的景观设计和公路绿化景观设计。

公路自身景观设计主要为公路选线和线形的景观设计，公路线形设计是在公路的选线布线阶段就开始介入的，公路选线依据沿线地形，确定重要控制点并考虑山谷和海岸线；公路线形设计讲究良好的平纵巧合，要求紧密结合自然景观的视觉特征，具有动态感，能给用路者提供安全、舒适、愉悦的行车感受。

公路路域景观设计中公路沿线设施的景观设计包括公路边坡的景观设计，公路声屏障的景观设计，公路隧道洞口的景观设计，公路取、弃土场的景观设计，公路路牙、护栏的景观设计，公路停车场的景观设计，公路标识牌、指示牌的景观设计，公路照明设备的景观设计，公路雕塑的景观设计，公路桥梁设施的景观设计，公路房建设施的景观设计等。

第二节 微地形打造

微地形作为景观设计的空间塑造方法越来越被广泛使用。通过恰到好处的微地形处理，配置合适的植物，不仅可以创造出多样的景观层次和空间形态，还有利于加强景观设计的艺术性和改善生态环境，从而能够更好地体现生态价值和景观价值。

一、微地形界定

微地形指用地规模相对较小，在一定范围内承载树木、花草、水体和构筑物等物体的地面及地面起伏状态，采用人工模拟大地形态及其起伏错落的韵律而设计出的面积较小的地形。多以人工改造地形为主，公路建设中主要包括凸面地形、凹面地形、坡地、土台、土丘等。

微地形是景观塑造的一种手法，仿自然界中的起伏变化地势，一般用地规模较小，多以人工改造地形为主。微地形的尺度对景观与外部环境或参照物进行比较来决定所要建造的景观的体量。尺度没有具体的数值，是相对比较而存在的，多以"恰当适度，恰到好处"而作出定性的判断。

微地形的景观空间决定了人们可以承受的微地形的尺度，要通过其实现多种景观效果，必须进行合理的地形改造，继而进行合理的布局。微地形可以是单一的，可以是组合式的，也可以是连绵起伏的。公路建设中，微地形景观应符合生态学要求，同时也通过微地形景观来呈现地域特点以及当地的文化内涵。

微地形的类型按照塑造手段、材料构成、微地形功能、空间关系来划分各有不同。

(1)按照塑造手段划分

从塑造手段角度划分主要有自然式和规则式，自然式主要是近自然的形式，规则式则人工痕迹比较严重如台阶、坡道等，规则式可以是对称的，非对称的，标准几何形式、非标准几何形式。

(2)按照材料构成划分

从材料角度划分,微地形可以分为土质微地形、石质微地形、土石混合式微地形。

土质微地形主要以土堆为主要材质,常见的自然坡便是以这种材质堆积而成,可有自然和人工两种方式,这种材料主要特点是容易获得,通过土地的填挖方便可完成。

石质微地形,主要是以石材堆砌而成,往往模仿自然形态,大多数是人工方式。主要在视觉和功能上体现。视觉具有特殊性,可作为节点展示;功能性便是娱乐攀爬的功能。

土石混合微地形,多为人工造景,主要以土壤做底,石材铺面。

(3)按照微地形的功能划分

按功能划分分为:观赏型微地形、生态型微地形、功能型微地形。

观赏型微地形是指具有视觉美观,而没有实际功能性的微地形类型,是仅仅依靠形式、颜色、材质来吸引人。解决的问题主要是美观的隔断或景观节点的特色处理。

生态型景观是指可以营造一个较好的植物生存环境,塑造小气候的功能。微地形可以为种植提供一个较为舒适优越的种植空间。

功能型微地形是指能够完成某种功能,解决某一问题的微地形。园林景观中生硬的窨井、化粪池盖板和建筑散水常被认为是园中的一大败景,因为无论从色彩上还是造型上都与周围景观格格不入。通过微地形处理可有效改善景观效果。

(4)按照空间关系划分

按照景观空间的关系划分可以划分为空间分隔型、空间过渡型、空间连接型。

空间分隔型:将一个大型空间利用微地形的塑造将其分隔成一个或几个小空间。

空间过渡型:在从一个空间进入到另一个空间时,微地形起到了过渡视线与心理的作用。

空间连接型:将两个不相连接或关系不密切的空间连接起来。

二、微地形设计

(一)微地形设计原则

微地形设计坚持自然和谐、最优化土地利用、控制经济成本及人性化原则。

(1)自然和谐原则:在进行微地形景观设计时,首先从场地地形状况考虑,按功能和需求进行合理改造,合理布局,使微地形景观更富于变化,并有利用于空间的组织和视线的控制,通过与其他景观要素的相互配合,形成一个自然、优美的微地形景观空间。

(2)最优化的土地利用原则:在处理微地形时需联系周围现有的景观事物,使各类用地内的微地形景观设计在平面形式、竖向变化、植物、构造物等方面形成统一的风格和完整的体系。微地形造景设计要从整体出发,协调其他各种要素共同完成场地内的景观营造。每一块微地形的处理既要有利于丰富景观空间、有排水功能,又要满足植物的生长要求,还要与周围环境融为一体,力求达到彼此之间的位置和尺度相互适宜,达到衔接自然的效果。

（3）控制经济成本原则:设计时要考虑财力、物力条件,相关景物的安排、所处空间的处理、意境的表达都要力求依山就势、高低错落、疏密起伏、自由布局,若需改造地貌,也力求达到园内填挖土方的基本平衡。

（4）人性化原则:微地形景观的创造要符合人们的审美观点、适合人们的休闲,重在形成优美的景观环境。微地形不仅可以改善场地内的生态环境,而且还可以为人们创造人性化的空间,达到环境与人的有机统一。

（二）省南粤交通公司微地形设计管理要点

省南粤交通公司微地形设计遵循"科学规划、精心设计、同步实施,全面营造"的实施原则,并依照"提炼、融合、创新"建设指导原则,通过动态设计、施工优化、后期营造等措施打造微地形景观。

省南粤交通公司微地形结合路堑上边坡、路堤下边坡、路侧、主线中分带、隧道、桥梁、互通立交区、服务区及停车区、管理中心、房建工程的建设要求和功能特点进行分路（区）段差异化营造。景观绿化工程微地形营造在设计成果的基础上根据实施期间地形地貌变化特点,采用切割、分离、浓缩的手法进行二次设计,形成大空间中变换出小空间,小空间连续延伸的景观格局。其中,路侧景观绿化微地形主要实施部位为路堤护坡道、路堑碎落台、土路肩、挖方边坡一级平台、填方边坡加宽平台、填挖交界处、挖方边坡截水沟两侧、填平区、取弃土场、临建工程等区域,主要利用主体地形地貌进行地表形态,结合路侧景观绿化"漏、透、藏、诱"的表现手法进行线性营造;互通区内微地形主要结合实施现状,进行综合竖向设计;路堤护坡道、路堑碎落台、土路肩主要根据线性进行列植,突出公路线性特点,在圆缓或平曲线路段栽植高大乔灌木,间距根据树种成型规格进行合理选择;上边坡一级平台主要利用景观绿化实体体现空间立体层次感,可选用垂条性的灌木进行带状栽植;下边坡一级加宽平台主要考虑藏景营造,一般设置在路侧景观不良路段,树种主要选择高大繁茂的乔木进行列植,并能体现路侧景观远近起伏连绵的视觉效果;填挖交界处主要在上边坡迎车端面进行草灌点缀,根据弧化地表进行乔灌片植,在交界处实现植被自然过渡,形成上边坡迎车面起伏变化的景观体验。

（1）路堑上边坡微地形设计

急流槽、坡顶截水沟、平台截水沟等排水结构物要保持连接顺畅,确保不积水;采用砌筑工艺的,要确保砌缝整齐、匀称、美观。挖方边坡坡口线原则上需弧化处理。原则上低矮边坡坡顶、迎坡面需弧化;二级边坡以上的,一级及二级边坡坡口线弧化,其他坡级及坡顶有条件宜弧化。因地形限制不具备弧化条件的坡,根据实际情况在坡面种植适当比例的灌木进行遮盖。

挖方边坡坡面平整,整体坡型圆滑平顺,无棱角状凸出或凹陷,与周边地形融为一体。对于变坡形设置的坡体,原则过渡段平顺过渡,如过渡过急或影响视觉时,宜种植矮灌木遮蔽。对于出现局部滑塌处治过的边坡,如采用浆砌片石回填的,原则上宜对回填增设造型,如窗户式回填黏性土、格构式回填黏性土等,回填厚度不小于30cm,回填部分每平方米种植约5株矮灌木,坡脚、坡顶种植攀藤植物。对于设置抗滑桩或抗滑挡墙的边坡,坡脚宜种植攀藤植物。对于边坡坡面存在孤石的,先确定孤石是否稳定,如稳定,则保留孤石;否则清除或采取加固措施。对于石质边坡,如形成坡面平整,坡面可不进行绿化或坡脚种植攀藤植物、坡顶种植向下垂生长植物;如形成坡面凹凸不平,考虑坡面主动防护网或植生袋、厚层客土喷播防护,并点播耐旱矮灌木,同时坡脚、坡顶种植攀藤植物。

(2)路堤下边坡微地形设计

填方路基表面平整,边线直顺,曲线圆滑;路基坡面平顺、无裂缝及水流冲刷沟槽;平台宽度满足设计要求,平直、无凹槽、不积水。路堤外侧有条件放缓边坡的,宜考虑放缓边坡。当外侧有不良景观时,如为了遮挡不良景观而预留种植乔灌木的,核查土路肩、平台或碎落台宽度是否满足种植乔灌木的空间。不足空间的增大土路肩、平台、碎落台或排水沟外填筑宽度。

(3)中央分隔带微地形设计

整体式混凝土防撞栏中央分隔带内填土宜略低于防撞栏顶,确保泥土不溢出污染护栏表面。分隔带内填土表层填筑60cm厚的表土。当桥梁设置为植物防眩且底部为盖板时,确保底部盖板平整稳固。

整体式波形护栏中央分隔带内填土宜填筑为中间高、两侧低的凸型,两侧填土表面宜略低于路缘石顶,确保泥土不溢出路面。波形护栏中分带回填土整形可根据带状特点营造出纵向波浪效果,起伏高度宜控制在0.5m,并配合铺贴草皮进行地表绿化处理。分隔带内填土表层填筑60cm厚的表土。

分离式中央分隔带当两侧均为填方且两分离式两路基边坡交叉时,形成中间凹、两侧缓坡率边坡的下凹形状,边坡宜为1:2~1:5,并在正常填方处与正常边坡平顺过渡。当一侧填方、一侧挖方,如两分离式两路基边坡交叉且挖方量不大则形成中间凹、两侧缓坡率边坡的下凹形状或中间凸、两侧低的凸起形状,边坡宜为1:5;挖方量大或分离式两路基分离较大时则可将挖方边坡放缓至1:1.5~1:2,坡顶及坡口开口线均弧化处理,弧化半径宜为6~10m。当两侧均为挖方,如两分离式两路基边坡交叉且挖方量不大则形成中间凸、两侧低的凸起形状,边坡宜为1:2~1:3;挖方量大或分离式两路基分离较大时则可挖方边坡放缓至1:1.5,坡顶及坡口开口线均弧化处理,弧化半径宜为6~10m。原则上采用喷播绿化、挂网喷播绿化、客土喷播等。如为石质挖方边坡,要求坡面修整平顺。

当分离式分隔带内设置有配电房时,按配电房地面进行地面整平。后续配电房实施完成后,房间四周地面标高与邻近路基填土齐平,填土表面填筑60cm厚的表土,以利后续景观施作。当分隔带内设置有桥墩基础时,分隔带地面或填土表面高于承台或系梁0.6~1m,填土夯密实,填土表面填筑60cm厚的表土,并种植矮灌木、攀藤植物进行景观绿化。中央分隔带路桥防撞栏衔接时在路基段设置20m左右的过渡段,使路桥防撞栏过渡平顺,视觉上不造成突变。路桥过渡中央分隔带选择生长茂盛、整形效果好的灌木,苗木修剪后高度在1.4~1.6m,成活率大于95%。主线中央分隔带选择2~3种地方灌木植被进行栽植,可采用连续间隔2~5km换植体现视觉差异,波形护栏中央分隔带灌木栽植规格为1.0~1.2m,新泽西混凝土护栏为0.8~1.0m,如图6-1、图6-2所示。

图6-1　中央分隔带(一)

图6-2　中央分隔带(二)

(4)桥梁微地形设计

①桥下部分

桥下顺势地形,排水顺畅无冲刷,无积水以及内涝,桥下集中排水沟、过滤池等设施顺地形。油水分离池原则上设置于桥下或桥外侧,排水沟宜设置在桥两幅之间,沟壁宜低于整平区表面。上跨农田段桥梁,桥面宜采用集中排水,排至桥下油水分离池、排水沟,微改造桥下覆土,利于桥下农田排水,防止形成内涝。上跨道路段桥梁,宜采用通透较好方柱墩,系梁标高宜低于原地面,但也不埋入过深,减少对道路破坏,保留原有地形地貌。上跨水系段桥梁,优化桥跨结构组合,避免出现水中墩台,利用两岸地势集排水,减少对水保护区影响。当桥下处于平地时,原则上清理干净并整平,整平后纵向上顺直,整平区表面宜高于承台或系梁0.5m以上,并设置倾向桥边线不小于1%的双向横坡。整平区两侧宜按1:1.5m放坡,如有地方道路、水渠横穿桥下时,留出相通道,填土按1:1.5m放坡。

当桥下处于斜坡或陡坡路段时,基坑开挖后回填夯密实,回填表面宜略高于承台,开挖形成的边坡不陡于1:0.75,并防护绿化到位。因施工废弃于桥下坡体上的开挖土清理干净。

当桥下为挖方路段时,为今后养护需要设置为挖方平台,平台表面原则上低于梁底不小于1.5m,表面清理干净并整平,整平后纵向上顺直,整平区表面设置倾向桥下边沟或排水沟不小于1%的横坡。

当地方因排洪、水利、通航等要求桥下恢复原貌时,按地方要求会恢复原貌。

当桥梁跨越地方道路时,原则上承台或系梁埋藏于地面下0.5m以上,回填表面基本与原地面齐平,并恢复绿化植被。当承台或系梁高于地面时,宜结合桥梁防撞设施等设置花池进行绿化防护。

桥下覆土绿化效果控制良好,绿化覆盖率不低于95%。

②桥梁锥坡

结合桥下自然地形,适当弧化桥台锥坡,及时进行覆绿,减少桥面、桥头路基汇水对桥下冲刷。桥头中央分隔带开口处和锥坡两侧最易冲刷,根据实际情况设置必要的排水设施。

桥台锥坡六棱混凝土块内选用覆盖效果好、抗冲刷、防风沙植物,绿化覆盖率不低于95%,连续空白面积不超过0.5m²。桥头挖方段纵向上设置合理的开挖坡率,并清理干净坡体堆积的开挖土和及时防护绿化。当锥坡设置有一级或多级反压护道时,反压护道表面整平,表面设置30cm厚的黏性土,护道两侧与桥头路基做好弧形衔接过渡。

③桥头挖方

桥头挖方边坡坡形及边坡坡率与相邻边坡一致,并衔接过渡。由于桥头挖方坡脚比相邻边坡低较多,原则上结合边沟、急流槽等设置10m左右的渐变段。桥头处挖方坡口线、坡顶宜弧化。当桥梁侧为挖方边坡时,原则上宜全绿化覆盖。

对于上跨高速公路跨线桥,当上跨桥桥头为填方时,在高速公路与地方道路桥头之间宜种植乔木、矮灌木遮蔽。当上跨桥桥头为挖方时,挖方边坡坡率不宜陡于1:1,与主线挖方边坡过渡圆顺,弧化半径宜为10～30m。原则上跨线桥宜设置独立的排水系统。当在主线路堑边坡设置桥墩时,实施桥墩开挖的边坡凹陷部分采用浆砌片石或混凝土回填密实,桥墩范围内的边坡宜采用六棱混凝土块内植草防护,边坡范围宜种植每平方米3～5株的矮灌木,桥墩处可种植攀藤植物,如图6-3、图6-4所示。

图6-3　桥梁微地形改造—遮阴性植被

图6-4　南琴路高架桥底绿化景观

(5)隧道微地形设计

隧道工程微地形营造结合道路线型及周边环境,植物配置层次和栽植形式尽量多样化,避免一种模式长距离出现,造成驾乘人员的视觉疲劳与审美疲倦。

①隧道洞顶及两侧仰坡

结合洞口山形山势进行融合设计,对于山势较为陡峭的端墙式洞门隧道,洞顶若有较大平台,利用回填土仿造原有地势进行二次营造。对于洞顶急坡(坡度≥45°),可设置花池进行垂直绿化修饰,体现垂直绿化的层次感。对于山势较为平缓的削竹式洞门隧道,洞顶可利用原始植被进行保留,对破坏部位进行修补,充分展现原始地貌形态。洞顶回填采用设计规定的填料,填土夯密实平整并设置向洞顶排水沟不小于1%的坡度,表面填筑60cm厚的黏性土,填土表面不高于端墙顶。洞顶排水系统排水良好,外形整齐,不得出现水土流失、积水。洞顶可视范围内存在地方道路、低位消防水池等时,在洞顶回填位置种植乔木、矮灌木。边仰坡过渡圆顺,当过渡段存在急流槽等排水设施时,在急流槽两侧种植矮灌木遮蔽。

②隧道洞口

洞口中分带根据宽度等进行微地形处理,绿化回填土在整形过程中营造起伏错落的地表形态,并设置适量景观石进行人工点缀,削竹式洞门隧道宜在中分带设置较为高大的洞名石。两幅洞门之间保留原地形,适当修饰圆顺与两幅洞门协调。

当洞口两侧存在上山检修通道时,在边沟或排水沟靠上山道路间设置拦水坎,防止泥沙、水泥溢进路面内,并在路侧设置乔木、矮灌木遮蔽。乔灌木主要以生长成型的高大乔木为主,地表植被选用常绿多年生的开花草本植被,成型株高宜控制在30~40cm,片植区域乔灌比例合理控制,乔木品种选择3~4种,灌木种类为2~3种,保证疏密有致。

景观设计单位宜根据实际情况提出洞门优化调整方案,确定洞门修饰方式。有条件设置棚洞的,宜提早确定棚洞方案,并优化洞口微地形。宜将不同结节开花植物混合搭配种植,达到隧道洞口段花开四季,草木长青。隧道洞口段边仰坡绿化方式采用铺草皮护坡、植生带护坡、三维植被网护坡、挖沟植草护坡、土工格室植草护坡、有机基材喷播植草护坡等生态防护。项目应用如图6-5和图6-6所示。

图6-5　粗石山隧道

图6-6 加林山隧道

（6）互通立交微地形设计

互通立交区域微地形结合实施现状、原始地表形态、地方道路、河渠、土石方调配情况分区域进行竖向设计，尽量做到随形就势、自然而然。

①立交环圈区域内地形修整

如为填方或少数路基为挖方，宜放缓路基填方边坡至1:2~1:5，环圈内地形可根据排水设置、地方道路设置情况采取中心低、四周高或中心高、四周低或从主线往最低匝道高度逐渐过渡的型式。如水量不大或纵坡平缓时，排水边沟可考虑采用宽尺寸植草水沟。如为低矮挖方或少数路基为填方，宜放缓挖方边坡至1:2~1:5，曲线边坡过渡圆顺，坡顶及开口线采取弧化处理。环圈内地形可根据实际情况采取局部修整或挖除整平等形式。如为多级挖方边坡时，当本标段需借方，可将环圈内挖方挖除整平处理；当为弃方时，适当放缓边坡，曲线边坡过渡圆顺，坡顶及开口线采取弧化处理。

主线与匝道汇合流时对主线、匝道之间的路基进行微地形整治，填方时宜采取坡率逐渐过渡到正常坡率的方式，挖方时宜将汇合流口约20m挖方挖除整平圆顺。地形整平表面填筑60cm厚黏性土。环圈内地方水渠、道路穿越时，地方水渠、道路两侧宜放缓坡或基本与环圈内整平地形走势一致。

②水体营造

当环圈内实际有鱼塘、洼地时，保持原生态，仅对岸坡进行适当放缓修整。当环圈内无洼地时，根据地形在环圈中心范围开挖水坑进行水体营造，岸坡坡率宜为1:5，水体深约1m，并与环圈内地形平顺过渡。

实施中最大程度减少内如清表中对非施工区域的工程破坏，在有限的空间内营造粗放耐久的生态林带，植被景观宜采用乔木点缀，对破坏的裸露地表撒播草灌覆绿。对于凹陷性的原始地形适量选择高大乔木造景，做到错落有致，疏密合理，利于渠化匝道交通分隔及行车诱导。对于高于路面的原有山林植被进行就地保留,对临近匝道的坡面结合匝道线性进行人工修整和灌木点缀,根据原始山势突出坡率变化特质,岩质边坡宜选用爬藤植物进行遮挡,形成苍郁浓密的绿化山林景观。

收费设施场区微地形不宜精细营造,考虑粗放管理需要,站房区内适量栽植少量乔灌类映衬周边原始植被,若设置劝返车道,在车道两侧根据线性特点列植诱导植被,植被规格和间距要求保证线性美观,实现连续过渡,石箓互通效果如图6-7所示。

图6-7 石箓互通

(7)服务区、停车区及管理中心微地形设计

服务设施场区根据片植要求进行树形规格选择,乔灌规格搭配宜形成富有层次性的视觉感受,对于周边自然风景良好的服务区可沿建筑用地红线设置观景平台和休息步道,有条件的服务区可在绿化区域保留小型山丘设置凉亭。

工程附属场区微地形重点利用户外工程进行建设,通过场区绿化区域整平微地形营造,借助原有山林水体、植被地貌进行景观绿化融合设计,并辅助相关硬质景观进行园林营造。

管理养护设施场区遵循"精细化设计"理念,采用园林设计手法进行品质景观建设,硬质景观可根据原有地势采用山林凉亭、景观水体、假山、人工河、台地跌水等元素进行融合,体现多样化的公园式景观效果,效果如图6-8所示。

(8)房建工程微地形设计

房建工程微地形设计侧重场区户外工程相关设施的融合,兼顾建筑单体整体布局及建筑立面风格的协调。房建工程场区坚持"随形就势、灵活设计、就地保留"的户外工程建设理念,通过场区道路灵活排布,线性优化,建筑单体高低差设计等处理手法进行融合,最大化体现自然地形和人文景观。房建工程单体建筑立面风格进行融合设计,在遵循"以南粤公司特色为主,以地域特色为辅"的设计原则基础上,提炼地方地形元素,通过不同形式的立面线条,借助外墙窗、女儿墙、阳台栏杆等构造设施进行装饰点缀。

图6-8 连平东服务区效果图

单体建筑依据场区原有地势进行布局,高差设计根据建筑高度和楼间距合理控制,多层建筑(楼层≤6)楼间距宜控制在20~40m,单体高差宜控制在5~10m。单体建筑外立面线条根据周边线性进行创新设计,可采用圆弧形、菱形构造物进行外墙补充装饰,体现项目高速公路线性特点。

房建工程户外工程微地形结合场地平整统一考虑,竖向设计保证与原有地形地势一致,绿化区域营造出起伏形态,边界边坡宜放缓处理,坡率一般控制在37°以内。户外工程园区道路路面纵坡以平缓为主,适当在地势高差较大路段(垂直高差≥8m)考虑急坡进行调节,但坡率≤8.0%,道路线性尽量圆顺舒缓,主干道最小转弯半径≥9.0m。户外工程运动设施(足球场、篮球场、羽毛球场等)设置位置考虑高差处理方式,边界放坡尽量平缓,不同运动场地可通过台地,台阶进行联系,整体与地势结合,营造空间层次进行过渡。宿舍楼效果如图6-9所示。

图6-9 宿舍楼

第三节　道路景观提升

公路自身景观是公路自身形成的景观,其设计主要包括公路选线和线形的景观设计;道路路域景观是公路用地范围内沿线的景观,即公路沿线设施的景观设计和公路绿化景观设计。

一、公路线形景观设计

公路线形景观设计主要从中央分隔带、路堤边坡及边沟设计阐述。

中央分隔带在公路工程中主要起到埋设通信管道、隔离交通、安装防眩设施的作用,是公路工程中必不可少的一部分。按照规范规定,其范围一般在隧道口、互通立交等大型公路设施结束或开始处。在进行公路景观设计时,一般采用防眩板和植物栽植两种方式。防眩板设计可将地域特色融入其中,采用植物栽植不仅可以发挥它的防眩功能,同时具有减弱噪声、增加空气湿度等生态效益。在选材上选用观赏效果好、低养护的灌木;形式上多采用列植或品字形等规则式种植形式,在中分带较宽的区域可采用自然式栽植。

在路堤边坡设计中,坡度较大的边坡主要采用绿化防护措施如植草袋、防护网等;在坡度较缓的边坡上可进行灌木及乔木的栽植。在绿化设计中充分考虑对周边景观的借景和挡景,根据需要最大限度地展现当地最美的景观风貌。

路基边沟属于公路排水工程系统的一部分,其设置的目的在于收集排出路面的径流,防止雨水对路基产生冲刷侵蚀,确保路基的稳定性,同时可防止路面的水流入公路周边的农田灌溉水系,对其造成污染。边沟的设计形式要参照公路沿线的地形地貌和自然环境,与之协调统一,设计不同形式的边沟以迎合山林、农田、河流等不同类型的周边自然景观。

二、公路路域景观设计

省南粤交通公司所辖项目在公路路域景观设计方面进行了大量工作。

路域景观提升方面:云湛项目吴川支线在整体式路基中分带位于凹曲线或凸曲线时,采用错落有序的植物布设;在穿越农田、平原区的路堤景观设计时采用宜透不宜挡的原则,根据驾乘人员的行车视距,合理选择灌木尺寸和设置位置,使驾乘人员感悟田园风光,缓解驾驶疲劳。云湛项目阳化段在上边坡一级平台种植大规格勒杜鹃,与边坡形成强烈的色差冲击,起到了"车在路上行,人在画中游"的效果。云湛项目化湛段沿线挖方堑顶、一级平台和碎落台都种植花灌,缓坡按一坡一图进行景观设计,并实施边角弧化,最大程度营造自然缓坡,如图 6-10 所示。

a)边坡设计之一

b)边坡设计之二

图 6-10　边坡景观设计

中央分隔带景观提升方面:仁博项目新博段竹山隧道前中分带主要选用凤凰木、青皮竹、芭蕉和黄花夹竹桃,营造出生动活泼的乡野景观情趣。

第四节　桥梁隧道景观提升

一、桥梁景观设计

桥梁的景观设计包括线形、桥型、景观元素、色彩和肌理 5 个方面。

桥梁的线形要求主要是桥与路要连续流畅,融为一体,呈现整体效果,使桥完全融于道路之中,给人一个整体的印象。

桥型的选择主要遵从安全稳固、过渡连接均衡的原则。线条的连接舒展,线形明快流畅,起伏有致。大桥可处理成环境的主体;中桥从属于环境;小桥与环境融为一体,自然而和谐产生协调美。

桥梁景观元素包括桥梁的栏杆、桥头、桥墩、桥台、端柱、桥面铺装、照明设施等,各部分的构件配置、比例选择、外观美化等都与环境相协调,既要发挥其功能性的作用,又要对其进行适当的装饰。通过这些景观元素来突出桥的风格和地域特色。

桥梁的色彩和肌理是决定桥梁景观美的重要因素。桥梁色彩不宜过于抢眼,与周围的环境建筑融合,特别是山区高速公路的上跨小桥,最好采用与裸露土色相近的颜色或者与周围植被融合的颜色。同时采用与自然土、石或木相似的肌理材质,能让人感觉到桥梁融于天际之间。

总之,我们在进行桥梁景观设计时,既要重视桥梁周围的环境因素,又要注重桥梁的建筑艺术设计,同时要有创新精神,致力于使桥梁与周围环境共同构成景观。景观的伴生效果实质是环境景观的和谐体现,这里的环境既包含自然环境又包含人文环境因素。桥梁景观设计如图6-11～图6-13所示。

图6-11　鉴江大桥

图6-12　滨江大桥

二、互通景观设计

互通区的景观设计充分利用原有环境,配合植物栽植,形成规则式或自然式的植物景观。同时,设计必须以行车功能的需要和视觉要求为前提条件,保证公路的交通安全。

互通区的景观设计形式主要有开阔式、平植式、复合式3种。开阔式以开阔的草坪为主体,配置花坛或孤植点景树,形成较为开敞大气的景观;平植式以自然式或规则式乔灌木的群落,形成层次丰富、自然的景观;复合式是二者相结合的绿化形式,一般从外向内依次配植草坪地被、模纹花坛、花灌木组团、乔木组团,形成丰富多样的景观,如图6-14～图6-16所示。

图6-13　海洋特色文化桥梁

图6-14　潭水互通

图6-15　石鼓互通

a)互通微地形营造

b)互通湿地营造(鹤塘互通)

c)互通景观营造

图6-16 互通立交景观设计图

三、隧道景观设计

隧道洞口景观设计结合路线自然、社会、人文及工程条件,力争达到美学、力学与经济性的完美统一,综合考虑洞口附近的自然环境、人文历史及其他构造物等因素,对洞门前广场、洞门形式及整个隧道开挖扰动范围的边坡、仰坡防护等进行整体规划与景观设计。

传统隧道建设中,多数洞口采用端(翼)墙式洞门,此种形式洞口前路堑刷坡较高。随着技术的发展,无端墙洞口越来越被广泛应用。此种洞口简单实用,使洞口伸出山体坡面,确保洞口的仰坡不被破坏,有利于环境保护,洞门主要适用于洞口无路堑或短路堑,洞顶坡面稳定、无落石以及地形等高线与路线基本正交的隧道。另外对于洞口地形偏压的情况,则宜采用端(翼)墙式洞门或对坡面进行加固处理之后采用削竹式洞口。

隧道洞口前的景观设计,主要包括边仰坡绿化、挡墙、路基衔接、小品建筑以及隧道管理区的协调等,其绿化的形式、规模根据环境、气候、地形和水源等条件选定。

造成隧道洞口事故高的重要原因之一，为隧道内外的亮度相差过大，而驾驶员来不及适应这一变化从而导致操作错误，发生事故。因此，在隧道入口处必须设有缓和照明，用以减少视觉障碍，或者在进入隧道前一定距离处设立相关交通标志，提醒驾驶员在隧道内注意开灯。其次洞内照明及装饰也是关键，隧道内部材质以混凝土为主，其颜色为浅灰色，会给人造成压抑感，因此必须进行隧道照明与内饰色彩的改造。隧道内饰色彩宜采用柔和色，如微泛蓝青色的珍珠白色或其他白色彩可以既不降低洞内照明度，又不过于刺眼。

龙怀项目龙连段隧道进出口及中央分隔带进行区域景观设计，特长隧道洞内设置景观灯效果；仁博项目新博段九连山隧道洞口端墙采用仿石材真石漆饰面，墙面采用淡灰色装饰，与背面山体植被融合统一。部分隧道景观设计如图6-17~图6-22所示。

图6-17　粗石山隧道

图6-18　军寮隧道

图 6-19　坝峰山隧道

图 6-20　拱北隧道

图 6-21　隧道洞内景观

图 6-22　隧道景观设计——蓝天白云

第五节　建筑工程景观提升

高速公路附属建筑景观设计主要为管理中心景观设计、服务区景观设计和观景平台设计。

一、管理中心景观设计

管理中心是工作人员生活和工作的地方,在进行管理中心选址时,要充分考虑到周围的环境,选择风景优美、交通便利之处,力争创造良好的办公环境,同时树立良好管理建筑的形象。

对于管理中心总体布局,从整体构图角度出发,并与自然山水环境有机结合。充分利用自然人文景观,以建造具有时代气息的高速公路管理环境。平面布局宜结合地形,使功能分区明确,各个单体的设计风格协调。设计建筑造型时要体现地方特色,使管理中心具有标志性。室外的景观设计以创造优美、舒适的生活、工作空间,及适宜的休闲环境为目的。在场地外围尤其是在主线之间用绿地作为分隔带,可以减少噪声污染;在靠近主要建筑物处设置休息园区,通过室外小品、步行道、绿地和花草的组织,提供给管理人员一个良好的室外休息、散步、活动以及观景的场所。管理中心效果如图 6-23 ~ 图 6-25 所示。

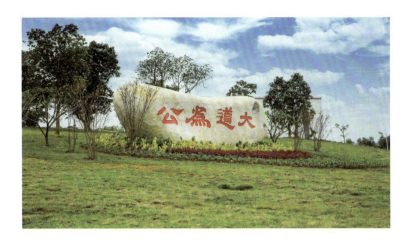

图 6-23　景观石

图 6-24　全景图

图 6-25　休闲凉亭

二、服务区景观设计

服务区主要作为人流集散、驾驶员与乘客休息的场所,高频率地被人使用。服务区以服务型建筑为主体,通过空间划分和植物培植,为使用者提供停车、加油、用餐、休息、娱乐等场所。

服务区的设计首先满足功能需求,其次要使景观与服务建筑风格相统一,提取当地文化历史特色的元素,展现当地风貌,打造地域性景观。同时对当地特色产品进行宣传,吸引游客、购物者,促进当地经济发展。

服务区规模的设定充分考虑公路两侧的交通流量,根据交通流量情况推算服务区所需的功能、面积。

龙怀项目龙连段连平西服务区设计了观景平台;潮漳项目就地取材,利用潮州地区分布广泛的黄蜡石提升互通区景观;清云项目房建工程以外部空间为核心,创造具有岭南特色的多层次的交往空间;龙怀项目连英段打造全特色服务区"三华服务区"(农产品服务区)"九龙服务区"("醉美"服务区),让服务区融入当地特色文化;云湛项目化湛段通过上跨天桥蓝色波浪形涂装、服务区广场及服务楼中庭蓝色铺装、以玻璃钢塑形外墙上色等方法打造的服务区"风正一帆悬"特色浮雕墙、利用路基开挖孤石制作服务区景观石、景观声屏障、彩色路缘石、雷州石狗、贝壳雕塑等硬质景观展现海洋文化。部分效果如图6-26~图6-28所示。

图6-26 良光服务区服务楼外部人行道

三、观景台景观设计

近年来,公路的使用者越来越强调公路的景观性,车辆在行驶过程中路过优美的风景时,往往会有乘客希望可以有短暂的停留时间来欣赏风景。因此公路观景台应运而生,不仅保证了交通安全性,也给公路使用者带来最佳的观景体验。

图 6-27 湛海风情

图 6-28 潭水服务区马兰风光

观景台往往设置在公路沿线最有代表性和风景最为优美的区段。在选择观景台架设位置时充分考虑到日照、观赏角度等因素,满足公路使用者拍照、赏景、休息的需求。同时,观景台风格与周边自然环境应融为一体,不对景色喧宾夺主,最大限度地将美景进行展示,如图 6-29 所示。

a)

b)

图 6-29

c)

图 6-29 潭水服务区观景亭

第七章

人性化设计

人性化设计理念是人类在改造世界时追求的目标,即希望通过设计使得产品能够让人舒适,充满温情。人性化设计的本质就是"以人为本",它当是以人的基本生活、心理、行为和文化物质为出发点的设计,是生活场景的再塑造,能够为人类生存活动提供物质、文化的背景,蕴含人类活动的各种意义。在公路建设中,人性化设计是指在设计过程中以人为本,根据人的具体需求、心理行为特点进行空间设计,达到人与环境、精神与物质的和谐统一,以满足在空间中人的活动需求为最终目的的设计思维模式。以人为本的人性化设计内涵主要通过设计的实用性和安全性,设计要体现出对人的关怀、对弱势群体的关注,设计注重与使用者情感的交流以及设计要体现可持续发展等几个方面来体现。

设计的实用性和安全性是人性化设计的基本前提,即设计首先要满足人对于它在使用功能上的要求,其次设计要确保人的安全。

设计要体现出对人的关怀、对弱势群体的关注。人性化设计就是要体现"以人为本"的思想,能够让人感受到设计对人的关怀,特别是在细节的处理上。此外,包括儿童、老人、孕妇等的弱势群体是人类社会的组成部分,这些人应当享有和正常人一样的生活权利,设计师在设计时要给予特别的关注,通过合理的设计来满足他们的特殊需求。一般情况下,无障碍专项设计既能体现对弱势群体的关爱,又能更好地服务弱势群体。

设计注重与使用者情感的交流。设计关注使用者的爱好、生活习惯、地域特点、文化背景和宗教信仰等,从而将对事物的看法和情感全部融入设计当中,使得使用者在使用过程中产生共鸣,进而不由自主地产生亲切感和归属感。

设计要体现可持续发展。设计要大力提倡环保、节能的绿色设计,既要满足当前的需要,又要顾及可持续发展的需求。

第一节 服务区人性化设计

高速公路附属建筑设施可以满足驾乘人员在旅途中如厕、休息、食宿、购物、加油、维修车辆等需求,同时又满足高速公路运营、管理、收费的需要,是高速公路满足车辆和驾乘人员需求不可缺少的基本设施。高速公路属于长距离、封闭式环境,驾乘人员及车辆在高速公路上需要得到必要的服务。高速公路服务区以其良好的硬件设施、热情周到的服务,为驾乘人员提供了旅途生活的便利,充分体现了高速公路"以人为本"的理念。

当前,高速公路服务区功能设施已由过去较为简单的解决如厕、进餐、加油,发展到综合服务,为满足综合服务功能,高速公路修建了各式各样为驾乘人员服务的建筑。服务区作为驾乘人员短暂停留与休息的场所,首先通过出入口、卫生间、餐厅醒目的标识解决人们生理上的需求与放松,其次通过建筑内部功能设施及其建筑形态、周围自然环境来满足人们心理上的需求。

服务区内设立的公共卫生区,为满足瞬间人流的需要其规模一般较大,且具有明显的标识,以易于辨识。通过对公共卫生区功能的划分,以及大数量厕位分组,可以使建筑空间趋向于人的自然尺度,强调私密性与安全感。另外,在设计公共卫生区时,给予弱势人群更多关注。设置残疾人专用厕位,低位置的洗手盆等,能给他们带来极大的方便和安慰。

在服务区设计过程中,充分考虑人的生理结构、行为习惯、心理情况以及思维方式等,使服务区更加适应旅客的心理生理需求和精神追求,体现设计的人文关怀和对人性的尊重。从总体布局、建筑单体设计,以及景观设计等方面均反映出服务区的人性化设计。

一、总体布局

1. 分区明确,布局合理

从公司层面上统筹谋划,制定服务区设计指南及标准化图册。服务区以综合楼为中心,服务范围向外辐射。围绕服务区周边设置小汽车及客运车停车场,既方便旅客最短路径快速进入服务楼,又减少行人穿过场区带来的交通堵塞及安全隐患。靠近服务区外侧布置货车停车位,方便货车快速进入停车位,这样货车对其他车辆和综合楼的影响就降到最低。超长车及危化品车靠近服务区贯通车道,以便意外发生时快速处置,并减小超长车及危化品车停放对整个服务区带来的安全隐患。整体布局合理紧凑,功能区域明确,既节约用地,又能充分发挥服务区的功能。

2. 清晰指引,安全舒适

场区入口设置车位显示牌,清晰显示剩余车位数及车位区域分布信息。所有停车区域至服务楼之间设置人行道,降低服务区人行安全隐患。小汽车及客运车区域至服务楼之间设置风雨连廊,避免旅客下车淋雨及暴晒。图7-1为服务区场区布置。

3. 场区无障碍设计

场区设计充分考虑方便行动障碍人士通行,靠近服务楼设置无障碍车位,场区内有高差的地方设置无障碍坡道。

4. 尊重和关怀女性

服务区靠近服务楼设置"女士停车位"。专用停车位是一项针对女性的便利服务措施,这是一种社会文明进步的体现,乃是基于对女性的尊重与呵护,与女士优先、绅士风度的传统文化一致,与歧视无关,是为了满足女性的隐私性和安全性需求。图7-2为女士停车位。

图 7-1　服务区场区布置

图 7-2　女士停车位

二、建筑总体设计

1. 融合当地文化及建筑风格

随着高速公路的发展，服务区与旅客接触面也越来越大，服务区不仅在高速公路运营中地位越来越重要，更是反映一个地区民俗文化、精神面貌的窗口，是服务区所在地域的一个形象代表。服务区设计时充分调研当地风土人情及文化特色，设计时服务楼建筑风格与之充分有机结合，既向过往的旅客展示了当地风土人情及文化特色，也带给旅客美和舒适的体验。图 7-3 为服务区总体设计。

图 7-3　服务区总体设计

2. 平面布局紧凑舒适

服务区综合楼在平面布置上选择"品字形"布局,将超市售卖、餐厅、公厕三个主要功能区域独立分割,中间设置中庭和天井进行联系,使服务楼三个主要区域既分区独立又紧密联系。服务楼四周通透,设计时根据流线布置功能房间,中庭设置休闲座椅,天井设置景观小品或儿童游乐区。给长时间驾乘之后的旅客提供商圈式服务和园林式休憩。图 7-4 为服务区休闲设计。

图 7-4　服务区休闲设计

3. 丰富的商品及餐饮

随着人民生活水平的提高,旅客对用餐环境的需求得到了进一步提升。过去,驾乘人员到了服务区就泡方便面或者啃面包。而现在,驾乘人员宁愿多开一会儿车也要争取到服务区上就餐。因此对服务区超市和餐饮的设计有了更高要求。设计时对超市面积和餐厅建筑面积进行了扩展,增多了特色商品及餐饮窗口。餐厅设置了中餐厅和西餐厅。

4. 开放通透式卫生间

服务区卫生间采用开放通透式设计,卫生间分内外高低两层墙体,内墙高1.2m,外墙高2m(采用镂空雕花窗式围墙设计)。内外墙之间设置绿化隔离,既解决了自然采光和通风透气的问题,又保证隐私和美观。图7-5为服务区卫生间设计。

图7-5 服务区卫生间设计

三、建筑精细化设计

1. 无障碍化

服务楼各功能区域通往停车场均设置无障碍通道,并设置清晰指引,坡道采用防滑处理,图7-6为服务区无障碍通道设计。服务楼独立设置无障碍卫生间,按规范要求设置坐便器、扶手、紧急呼叫等,图7-7为无障碍卫生间设计。

图7-6 服务区无障碍通道设计　　图7-7 无障碍卫生间设计

2. 适老设施

随着社会老龄化加剧，老年人出行比例不断提高，服务区适老设施的设置显得越来越重要。服务区男女公共卫生间均设置少量坐便器，方便出行老年旅客使用。

3. 关爱母婴、儿童

服务楼独立设置母婴室，并配置齐全婴儿整理台、沙发、座椅及洗手池等设施，母婴室墙面采用彩色卡通图案装饰，温馨自然，图7-8为服务区母婴室设计。服务楼公共卫生间设置儿童专用小便器、儿童专用洗手台，且采用卡通形状彩色儿童洗手台，图7-9为儿童洗手台设计。

图7-8　服务区母婴室设计

图7-9　儿童洗手台设计

为解决母亲单独携带男性儿童或父亲单独携带女性儿童的如厕困扰，服务区专门设置第三卫生间，同时也方便成年女儿协助体弱父亲或儿子协助体弱母亲的如厕，解决了不同性别的家庭成员之间协助如厕的尴尬和困扰，图7-10为第三卫生间设计。

在服务楼中庭或天井位置设置独立儿童游乐区，给天性活泼的孩子长时间乘车后一个释放的空间，在看护儿童玩乐的过程，同时给监护人留下一段轻松自由温馨时间，图7-11为儿童游乐区设计。

图7-10　第三卫生间设计

图7-11　儿童游乐区设计

4. 营造舒适温馨的环境

公共卫生间洗手台设置热水系统，洗手时可供冷热水选择，如图7-12所示。

设置咨询服务台，为驾乘人员提供及时准确的交通及旅游资讯，如图7-13所示。

图7-12　洗手台热水系统

图7-13　咨询服务台

服务楼内各功能空间设置舒适清晰的指引，如图7-14所示。

卫生间入口引入绿色植物装饰，营造温馨舒适的感官环境，如图7-15所示。

图7-14　指引设置

图7-15　绿色植物装饰

四、景观设计

结合地理位置优势，服务区设置观景平台。如连英高速公路九龙服务区位于英德市西南部九龙镇英西峰林景区，处于群山环抱的一片谷地，喀斯特地貌，自然景观似桂林，素有"小桂林"之称，整个景区绵延20余里，是目前广东省发现的最长的峰林游廊，九龙服务区双侧均设置了观景平台，过往驾乘人员可以在服务区登上观景平台看风景，观景台位置比较高，游客可以眺望英西峰林走廊的辽阔风光，欣赏形态不一、错落有致的峰林，观赏变幻无穷的云海、雾林、竹林、农舍星罗棋布，感受浓郁乡土气息的田园景致，这样不仅可以缓解驾驶员驾驶过程中的疲劳，还可以领略"南天第一峰林风光"。图7-16为服务区景观设计。

图 7-16　服务区景观设计

第二节　交通设施人性化设计

随着现代化进程的不断加大,交通设施在实现其使用功能的同时,也注入了人性化元素,且越来越受到关注和重视。人性化、智能化、系统化、标准化、景观化的交通设施彰显了交通设施人性化设计理念。新型标志能够使驾驶员更加清晰地了解前方路况;大型交通诱导显示屏可以在提示安全驾驶的同时宣传道路交通法规。交通设施人性化设计的原则是对各种交通设施设计时该考虑的问题的总体归纳,其主要包括安全原则、舒适原则、环保原则、清晰原则、关怀原则、通用原则、便捷原则等。

①安全原则:交通设施首先要满足人的安全需求。如增设防撞护栏和夜间照明设施等。

②舒适原则:交通设施除了满足其使用功能和安全原则外,还该使交通设施使用者在使用时有舒适的感觉。

③环保原则:交通设施尽量采用新型的环保材料,减少对环境的污染。

④清晰原则:交通设施中的各类标志、标线、各种信号应十分醒目、便于识别。

⑤关怀原则:交通设施更加体现其对人的关怀,如设立信息显示装置等。

⑥通用原则:交通设施的设计要考虑各类使用人群的实际情况,包括儿童、青年人、中年人和老年人以及残障人士。

⑦便捷原则:交通设施应使人的出行更加方便。

省南粤交通公司对交通安全设施不断进行优化,在交通设施人性化设计方面进行了大量工作。

一、振动标线

仁博项目新博段在特大桥、隧道车道边缘线及车道分界线均采用了振动标线,车辆行驶至振动标线上能产生较大振动及声音,防止疲劳驾驶,能更好提醒驾乘人员按车道规范行驶,确保行车安全,如图7-17所示。

图7-17　仁博项目隧道路面振动标线

二、出口匝道防撞设施

（1）云湛项目化湛段主线出匝道三角端均采用了可导向防撞垫设计,该防撞垫主要为波形护栏的防撞材质,并以膨胀螺栓（或预埋地脚螺栓）锚固路面,防撞等级达到了TS级。可导向防撞垫设计比以往摆防撞桶能更有效地吸收碰撞能量,大大降低了正面碰撞对人车的伤害程度,同时在侧面碰撞时能改变车辆碰撞角度,并将车辆引导向正确方向,极大提高了紧急情况下驾乘人员的安全系数,如图7-18所示。

 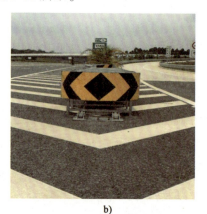

a)　　　　　　　　　　　　　　b)

图7-18　云湛项目出口匝道防撞垫设计

（2）云湛项目阳化段在各匝道口采用了可导向防撞垫,其安全性能符合《公路护栏安全性能评价标准》（JTG B05-01—2013）的要求,可应用于主线分流段、匝道分流端、隧道入口、跨线桥中墩端部、收费岛、特殊障碍物前端及部分路侧护栏上游端部等。可导向防撞垫与护栏标准段具有平顺的过渡连接，具有高效的逐级缓冲吸能结构，经车辆碰撞试验验证，其结构具有较大安全储备，安全性能高，如图7-19所示。

a)　　　　　　　　　　　　　　　　b)

图7-19　云湛项目阳化段可导向防撞垫

三、隧道智能引导灯

仁博项目仁新段在坪山隧道试点加装了路面安全智能照明引导灯系统，不仅能够给坪山隧道提供更为可靠的照明和安全指引（尤其是雨雾天气），而且能在夜间关闭隧道LED（发光二极管）照明降低能耗。路面安全智能灯系统采用图像处理工作（IPT）感应能源技术，由LED路面智能灯、感应供电装置、能源转换线、电容器联合装置等组成，通过电磁感应转换技术为智能灯供电，如图7-20所示。

a)　　　　　　　　　　　　　　　　b)

图7-20　仁博项目仁新段隧道智能引导灯

四、其他交通安全设施优化

（1）在雨雾天气严重的路段弯道和小半径匝道处，特别是夜间行驶，为防止驾驶员易因视距受阻发生安全事故，云湛项目阳化段在部分路段增设视线诱导标，能够更好地提前指示线形和警告诱导驾驶员的视线，降低行驶速度和正确引导行驶方向，注意谨慎驾驶，确保行车安全,如图 7-21 所示。

图 7-21 云湛项目阳化段视线诱导标

(2)为防止车辆行驶到桥头位置时产生颠簸、跳跃现象,云湛项目阳化段在桥头位置增设了桥头跳车爆闪灯;为防止在雨雾天气和夜间视距不好的情况下,驾驶员无法提前正确判断分岔口三角端的位置,阳化段在匝道口三角端增设了黄闪灯,如图 7-22 和图 7-23 所示。

(3)云湛项目阳化段在平交口对面高边坡处增设防撞波形护栏,并在护栏上贴反光膜,一来可以防止车辆冲下高边坡,二来反光膜可以起到提醒警示作用。在地方道路弯道前设置急弯限速标志和设置雷达测速,可以提前警示驾驶员前方有急弯路段,从而使驾驶员能提前降速行驶;振动标线能够对驾驶员有很好的警示和提醒作用;同时对一些互通消除山头,能有效地提高驾驶员的视距和诱导视线,如图 7-24 和图 7-25 所示。

图 7-22 云湛项目阳化段桥头增设爆闪灯

图 7-23 云湛项目阳化段三角端增设黄闪灯

图 7-24 云湛项目阳化段沙琅互通平交口治理

图 7-25 云湛项目阳化段仙塘互通 H 匝道治理

此外,云湛项目化湛段增加带 USB 充电口太阳能休闲座椅、智能信息牌、电动车充电桩等绿色能源、智慧化、人性化服务设施,满足驾乘人员日益多变的需求。

第八章

结语

好的设计理念引导好的设计品质,省南粤交通公司从设计开始,就注意以"品质工程"作为引领,统一理念是第一步。省南粤交通公司成立之初,技术人员来自多个领域,在项目设计管理过程中,对方案把控的尺度不一,省南粤交通公司在广东省已有项目建设经验基础上,总结提升出有自己特色的总体技术风格,形成省南粤交通公司特有的设计、建设管理理念。一方面,根据各阶段设计工作的重点,省南粤交通公司先后下发了一系列制度及文件,对筹建项目的初步设计、定测详勘、施工图设计等全过程质量管理进行了规范统一,为项目的勘察设计管理工作理清了思路、指明了方向。另一方面,在各项目筹建起步阶段,建设单位结合项目特点和实际编制项目工作大纲,明确建设理念,并由省南粤交通公司组织审查后下发执行。在实施过程中,以项目工作大纲为主线,结合项目工程特点,由项目业主主导,探索实现理念的具体措施,将总体理念转化为能够真正指导设计的具体点,并贯彻到项目勘察设计管理理念之中。同时,省南粤交通公司要求建设单位主动介入设计管理,通过现场踏勘,对重大的设计方案比选形成主导意见,并对各设计合同段的具体工程问题提出指导意见。在设计过程中,注重工程设计管理、系统设计、安全设计、生态环保设计、景观提升设计和人性化设计,形成了一套具有公司特色且行之有效的设计管理手段和方法,形成了一套可复制、可推广的设计管理经验,可供学习和借鉴。